자연언어학회 학술총서 7

최소주의와 다위니즘
Minimalism and Darwinism

최소주의와 다위니즘
Minimalism and Darwinism

손근원 · 최숙희 · 홍성심
김양순 · 김연승 · 박연미 · 서수현

도서출판 동인

책을 내면서

지난 1955년을 변형생성문법의 원년으로 삼아 생각해 보면, 변형생성문법 학계의 관심사는 "인간은 어떻게 언어를 습득하였는가?"하는 언어습득의 문제(Plato's Problem)로부터 최근의 Hornstein(2009)에서 제기된 언어진화의 문제(Darwin's Problem)로 발전되어 나왔다고 말할 수 있다.

인간의 언어는, 흔히 추정되는 인류역사 300만 년 중에서 비교적 최근의 5만 년 전~10만 년 전에 출현한 것으로 알려져 있다. 진화의 시간에 비추어 보면, 이 시간은 "눈 깜박할 사이"라고 한다. 이 "눈 깜박할 만큼" 짧은 시간에 인간에게 언어가 출현했다는 주장이 옳다면, 인간언어의 고유한 특징이라고 생각해왔던 여러 가지 자질이나 특징들이 더 이상 언어고유의 특징이 아니고, 인간의 보편적인 인지능력의 일부라고 말할 수 있을 것이다. 다시 말해, 아주 짧은 시간 속에서 인간에게 언어가 출현하게 된 것을 논리적으로 설명하자면, 언어 고유적 특징 자체는 아주 적은 수의 작동 한 두 가지로 축약할 수 있어야 만 설명이 가능할 것이다. 나머지 모든 특징, 작동, 현상 등은 언어에만 있는 것이 아니고, 인간이 가진 보편적인 인지능력의 일종이 되는 것이다.

더 구체적으로 설명해보면, 성분통어(c-command)의 개념이나, 결속현상(binding), 장거리 이동(long-distance movement)등에서 발견되는 구조의존성의 문제 등도 이젠 이들이 각각 언어적 규칙이나 특징, 현상으로서 각각 조합적으로 존재하는 현상이 아니고, 연결(Concatenate)과 표지화(label)라고 하는 사소하다면 아주 사소하다고도 할 수 있는 작동의 결과로 따라온다고 설명할 수 있다.

Chomsky(1981)에서 나타난 GB(혹은 Principles and Parameters, PP) 문법 틀로부터 Chomsky(1995)의 *The Minimalist Program*을 기본으로 삼아, 보다 더 강력해진 초강력 최소주의 정신을 보여주는 Hornstein의 이론은 언어의 문제가 언어 습득이나 언어자료, 경험적 증거제시로부터, 언어가 인간에게 어떻게 출현하였는가, 언어가 과연 인간의 두뇌발달과정에서 신경회로적으로 설득력이 있는 이론인가(Embick & Poeppel, 2005)의 문제까지 학문적 관심을 확대하였다. 따라서 최소주의 통사이론으로서 최첨단의 이론적, 실험적 성향을 보여준다.

이렇게 언어 진화론적 관점에서 바라 본 최소주의 통사론은 1974년 이후 Chomsky가 끊임없이 제기하였던 언어학의 생물학적(Biolinguistics) 해석 및 이해와 공통의 접점을 발견하는 것 같다. 따라서 인간의 언어적 특성은 우리 두뇌의 신경회로망 속에 실현되어 있는가, 아니면 인간의 언어적 특성이 인간 두뇌의 신경망 속에 실현가능한 논리적 연산적 체계를 갖추고 있는가, 혹은 언어적 특성이 우리 뇌의 생물학적 구조와 상호 호환적인 가능성이 있는가 하는 문제 등에 대한 연구의 시작이 되는 신호가 될 것이다.

우리는 바로 이 언어진화의 문제를 통사론적 관점에서 다룬 Hornstein (2009)의 "A Theory of Syntax: Minimal Operations and Universal Grammar"를 함께 강독하고 연구하면서, 이 이론을 해석 및 논평을 하였다. 또한, 그 예후를 논의하면서, 문제점과 시사점을 함께 공부하여, 자연언어학회 학술총서 제7권으로 펴내게 되었다.

이 책의 내용은 제1장의 최소주의 통사론과 언어진화의 문제에 대한 개괄적인 논의가 있고, 제2장에서는 결속 현상, 이동현상 등 통사론에서 지극히 일반적으로 발견되는 특징인 성분통어를 문법기술로부터 도출할 수 있는가 하는 문제를 살펴보고, 제3장에서는 내포적 회귀성을 보장하기 위한 최소한의 구 구조 구축장치로서의 연결과 표지화에 관한 논의를 알아본다. 또한 4장에서는 최소주의와 인간의 언어능력에 관한 문제, 제5장에서는 이동과 일치에 관한 문제, 그리고 끝으로 결론 및 기타 여러 가지 쟁점을 알아본다. Chomsky의 최소주의 방식에서 참신한 Hornstein의 견해를 소개하고 우리 나름의 해석과 보충설명을 첨가하면서, 이 분야에 관심을 가진 대학원생이나 학자들이 비교적 편안하게 읽어 볼 수 있도록 책을 꾸몄다. 또한 난해할 수 있는 내용의 흐름을 놓치지 않도록, 각 장마다 1~2쪽의 요약을 넣어서 가독성을 고려하였다.

우리 자연언어학회 회원들은 이러한 분야가 앞으로 신경언어학과 언어진화의 문제, 그리고 그를 둘러싼 경험적 논증에 많은 시사점이 있으며 향후 소중한 연구 주제를 제시할 것으로 믿기 때문에 꼭 언어학자가 아니더라도 한번 읽어 볼 가치를 지닌 책이 되기를 희망한다. 혹시 부족하거나 잘못 이해된 부분이 있다면 추가적인 연구와 논문으로 이를 바로잡고 보충해 나갈 기회가 있을 것으로 판단한다.

끝으로 어려운 시기에 이 책의 출판을 맡아 주신 도서출판 동인 이성모 사장님과 까다로운 작업에 수고를 아끼지 않으신 편집부 직원들께도 진심으로 감사를 드리고 싶다.

이 책을 쓰는 두 가지 주요목적은 다음과 같다.

첫째, 최소주의를 이해하기 위한 방법을 제시하는 것이다. 실증적 동기부여를 찾고자 하는 노력의 일환으로 Hauser, Chomsky & Fitch(2002)의 주장을 따라 소위 "다윈의 문제"(Darwin's Problem)라고 불리는 진화적 논의를 하고자 한다.[1] "다윈의 문제"와 함께 Embick & Poeppel(2005)의 신경생물학적(neurobiological) 주장을 다루는데, 후자를 나는 "입도(粒度) 비일치 문제"(Granularity Mismatch Problem)라고 부른다.[2] 이러한 "다윈의 문제"와 "입도

---

1) HCF(2002)의 "The Faculty of Language: What Is It, Who Has it, and How Did It Evolve?"는 언어능력의 연구는 진화생물학, 심리학, 신경과학과 같은 학제 간 연구가 될 것을 요구하며 이 연구에서 언어능력을 광의의 언어능력(FLB)과 협의의 언어능력(FLN)으로 나누고 FLN만이 회귀성(recursion)을 포함한다고 주장한다. 이는 FLN이 언어에만 국한된 것이 아닌 일반생물학적 진화에서 출발한 것이라고 추정할 수 있다.

2) 사전적 의미의 입도(粒度) 또는 입상(granularity)은 구성부문의 크기를 재는 단위 또는 체계를 구성하고 있는 작은 구성부문을 의미한다. 입도란 객체 또는 행위를 규명하는 상대적 크기, 비율, 자세한 정도 및 표현의 깊이를 나타내는 말이다. 한 마디로 이는 "좀 더 큰 실체가 하위분류되는 정도(extent to which a larger entity

비일치 문제"는 초기 연구에서 "플라톤의 문제"(Plato's Problem)가 담당했던 역할처럼 보편문법(UG)의 특질들과 언어능력(FL)구조의 적절한 설명을 위한 최고의 실증적 경계조건(boundary condition)의 역할을 담당해야만 한다. 따라서 UG와 FL 이론들은 위의 세 가지 문제점들을 설명적 타당성에 맞도록 기술해야 한다. 설명적 타당성에 대한 이러한 두 가지 요건의 추가는 최소주의 프로그램(Minimalist Program)에 대한 핵심적 기여가 될 것이다.

둘째, 좀 더 간단하고 자연스러운 실증적 근원(empirical primitives)으로부터 UG의 특질들을 도출해내기 위한 특정한 이론의 틀을 제안함으로써, 위의 관심들을 실행 가능한 상태로 만드는 방법을 찾는다.[3] 이러한 계획은 Ross (1967)의 섬 제약과 관련하여 Chomsky(1977)가 제안했던 것과 상당히 유사한데, 두 사람 모두 초기의 설명이 대체로 실증적으로 옳다는 가정에서 출발한다. Chomsky(1977:89)는 Ross의 제약들이 어느 정도 실증적으로 타당하다고 가정하고, 이를 형식문법의 일반적이며 상당히 합리적인 '연산적' (computational) 특질의 관점에서 설명하고자 했다. 따라서 지배와 결속이론

---

is subdivided)"로 우리말로는 "잘게 쪼개기"에 해당한다. 예를 들면, 야드(yard)는 피트(feet)로 분류되는 것보다 인치(inches)로 분류될 때 좀 더 정교한 입도를 갖는다고 할 수 있다. 천문학과 물리학에서 주로 쓰이는 이 단어의 원뜻은 사진의 선명도를 묘사하기 위해 제공되는 정보의 양과 같이 객체와 행위에 대한 등급체계를 가리키는데, 요즘 정치, 경제 사회 일반에서 널리 쓰이는 입도의 개념은 "세부적 단계"를 말하는 디지털 시대의 현학적 표현이라고도 할 수 있다. 여기서 다윈의 문제와 관련한 "입도 비일치 문제"의 한 예를 들면, UG안에서 언어 고유적 원리와 일반생물학원리의 구성비율의 논란을 들 수 있다.
3) 생물학에서 말하는 근원(Primitive)이란 진화단계에서 오랜 된 개별적인 종 또는 특질을 나타내기 위해 진화에서 자주 사용되는 기술적 용어이다. 여기서 "좀 더 간단하고 자연스러운 실증적 근원(empirical primitives)으로부터"는 "일반생물학적 원리로부터"로 바꾸어 말할 수 있다.

(GB)은 UG/FL 특질들을 적절히 설명한다고 가정하며, 이 책의 목표는 좀 더 간단하고, 좀 더 일반적이며, 좀 더 자연스런 인지적 운용과 원리에 기초하여 UG/FL의 특질을 설명하는 것이다. 목표하는 연구방향은 일반적인 요구사항으로부터 개별적 이론 제안으로의 발전, 즉 최소주의 프로그램(MP)으로부터 최소주의(Minimalist Theory)로 발전하는 것이다. 이러한 제안의 핵심이 기본 운용원리이며 그 중 하나가 언어에 고유한 표지(label)이다. 목표는 어떻게 FL의 일반 특질들이 이러한 목록(inventory)으로부터 도출되는지를 보이는 것이다. 의존성(dependency) 길이를 최소화할 것을 요구하는 연산원리에 덧붙여 다른 기본적 운용들(연결(Concatenate), 복사(Copy))과 함께 표지는 GB식 설명의 많은 특질들을 포함하는 체제를 만들어 내는데 충분하다는 것이 기본 생각이다. 새로운 관점의 제안은 경로(Path)와 표지화(labeling)를 개별적으로 이해한다는 관점에서 최소주의의 재해석을 포함한다. 표지화란 어휘항목(LI)의 영역에서 연결을 "밀접(close)"하게 하는 기능을 한다. 결과적으로 이는 각 어휘항목에 기초한 등가의 통사체 부류를 형성한다. 또한 어휘항목의 영역에서 연결을 마감하면 계층이 나타나고, 등가부류를 만들면 구성소가 나타난다. 문법적 운용이 구성소를 목표로 한다는 것은 어떻게 연결이 어휘항목과 표지화된 "등가물(equivalents)"에 국한되는가에 기인한다.

이것이 기본 제안이며 이 책의 각 장에서 상세하게 다룰 것이다. 이 책의 연구는 Chomsky의 후기 최소주의 연구와는 세부적으로는 다르지만 Chomsky(1995a)와 Hauser et al.(2002) 그리고 Chomsky(2005a)의 연구가 없었다면 불가능했을 것이다. 이 책의 표현법과 내용면에서는 Boecks(2008)의 영향이 크며, 일치기반 최소주의(Agree-based minimalism)에 관한 Boecks의 연구는 이러한 접근법에 대한 회의를 품은 본 연구에 상당이 도움이 되었다. 마찬가지로 의미론의 기본운용에 관해서는 Paul Pietroski의 출간예정 저서로부터도 상당한 영향을 받았다.

목 차

1
최소주의와 다윈의 문제
·
13

2
성분통어의 제거
·
41

3
표지, 회귀성, 그리고 이동
·
71

4
언어능력의 진화적 출현
·
113

5
이동
·
133

6
결론 및 문제점
·
165

■ 참고문헌 ― 198
■ 영한대조 ― 202

1
최소주의와 다윈의 문제
Minimalism and Darwin's Problem

1.1. 개관

현 생성이론들은 서로 의견을 같이하거나 달리하기도 하는데 모든 생성이론들의 공통된 생각은 문법지식이 규칙 지배적이라는 것이다. 언어 L의 모국어 화자들은 무한정한 L 언어의 상징들(즉 문장, 구, 등)을 생성하도록 허용하는 L 언어의 규칙들을 습득한다. 언어 L의 상징들은 실질적으로 무한하여 한정된 유기체 안에 개별적으로 저장이 불가능하기 때문에 규칙들이 요구된다. 언어지식의 규칙 지배적 특성은 생성문법가들 사이에 논란의 여지가 없다.

논란이 되는 것은 문법이 어떻게 구성되는가 하는 것인데 즉, 문법이 어떤 종류의 규칙을 허용하는지, 문법이 어떤 종류의 근원적 관계를 활용하는지 그리고 어떤 종류의 요소들을 포함하는지에 관한 것이다.[1] 최소주의의 연구는 UG의 기본 운용은 간결하며 자연언어의 검증된 복잡성은 간결한 하위

체계의 상호작용의 결과라는 것을 연구의 경계조건(boundary condition)으로 가정한다. 이러한 가정은 "간결한(simple)"의 용어가 사용될 때 위력을 발휘한다. "간결한"의 정의는 비중복성, 소수의 원리, 자연성과 관계하는데 이에 대한 설명은 아래와 같다.

첫째, 간결한 체계는 비중복적이다. 잉여성은 다른 운용들이 독립적으로 동일한 구조관계들을 생성하거나 다른 원리들이 독립적으로 이들을 제거할 때 문법에서 발생한다. 많은 현재의 문법들은 이동(Move)의 운용과 일치(Agree)의 운용이 둘 다 장거리 작용을 한다고 가정한다.[2] 이동과 일치가 둘 다 멀리 있는 요소들(비 자매어들)을 서로 관련시킨다. 모든 것이 동등하다면, 문법은 동일한 실증적 영역을 포함하는 두 가지 다른 운용을 포함해서는 안 된다. 이는 적어도 두 가지 이유로 설명할 수 있다. 첫째, 동일한 목적지를 향한 복합노선을 허용하는 UG는 바람직하지 못한 유연성을 가지므로 설명력에 역효과를 낸다. 방법론적으로 말하면, 취약한 이론들이 좀 더 쉽게 입증되므로 선호된다. 더욱이 취약한 이론들은 좀 더 유연한 이론들보다 학습자의 선택을 제한한다. 만약 동일한 자료를 설명할 수 있는 두 가지 방법이 있다면, 학습자는 둘 중 하나를 선택하는데 플라톤의 문제라는 논리에서 보면 거의 올바른 것을 선택하지 않는다. 물론 상황이 동일하지도 않고 두 가지 운용이 모두 요구될 수도 있지만 실행가설은 문법이 이런 식으로 중복적이지 않다는 것이다.[3]

---

1) 이는 입도 비일치 문제(granularity mismatch problem)와 일맥상통한다.
2) 이동이 자질점검(feature checking)의 형태인 일치를 포함한다는 것은 분명하다. 재미있는 운용은 비국소적인 운용인데 왜냐하면 일치가 멀리 떨어져 있는 요소들을 연관시키는 이동과 동일한 영역을 갖기 때문이다(6장 참고).
3) 이런 식의 논쟁은 UG 원리들은 적용의 영역에서 중복되면 안 된다는 GB 분석에서 시작된다. Chomsky(1981:12-14)는 "개별적인 원리들(또는 원리체계)이 현상을

둘째, UG의 간결한 이론에서 기본원리들은 가능한 적어야한다. 적을수록 좋다. 모든 조건이 동일할 때, 최소한의 원리와 기본 운용을 채택하는 원리들이 방대한 설비를 갖는 이론들보다 선호된다는 Ockham의 주장이 맞는다. 이론적 장비가 방대할수록 실질적 설명의 범위가 넓다는 것은 자명하다. 이는 간결한 원리들은 좀 더 방대한 이론들이 피해갈 수 있는 실질적 도전을 받을 수 있다. 그러나 이를 다르게 이해하면 후자가 좀 더 엄격한 설명적 요구에 직면할 수도 있다는 것을 의미한다. 왜냐하면 방대한 이론은 절제된 이론보다 더 많은 자료를 설명할 수 있으리라 기대되므로 그렇지 못할 경우 설명적 직관을 잃을 수도 있기 때문이다. 따라서 Ockham식의 설명이 우세적이다.

셋째, 간단히 말해 기본운용들과 원리들은 자연스럽다. 무엇이 운용과 원리들을 "자연스럽게"(natural) 만드는 지는 미묘한 문제이다. 그러나 생성문법학자들은 수년간 "자연스럽다"는 용어로 제안들을 찬성하기도 반대하기도 해왔다. 예를 들면, 문법의 "연산"(computation)수월성 정도가 문법의 자연성과 비례한다. 예를 들면, (하위인접(subjacency) 또는 최소성(minimality)과 같은) 국소조건은 연산의 관점에서 "훌륭한"(nice) 특질인데 왜냐하면 먼 거리는 연산효율성과 기억에 부담을 주기 때문이다. 또 다른 예로는 자질점검(feature checking)과 복사(copying)가 있는데, 이들은 다른 인지영역에서도 거의 확실하게 운용되고 있으므로 언어능력(FL)을 위해 이용할 수 있는 자연스

설명하는데 충분하다는 관점에서 주어진 원리 하에 '과잉결정(overdetermined)'되는 사례를 찾는 문법이론의 잉여성 탐구"를 지적한다. 또한 Chomsky(2005a:100)를 참고하라. 원리의 분명한 잉여성이 실제로 존재하는지 아니면 분석의 실수인지를 묻는 질문이 유용하다는 것은 수년에 걸쳐 입증되었다. 잘 알려진 예를 들면, 한때 예외격 구문의 수동태 문장이 수동태화와 인상이동 둘 다에 의해 생성된다고 믿었던 것을 들 수 있다.

런 연산작용이다. 인간의 FL이 비교적 늦게 출현했다고 가정하면, FL은 일반 인지체계의 어떤 부분으로부터 운용을 가져온다고 가정하는 것이 진화적으로 자연스럽다. 이는 "자연성(naturalness)" 즉, 일반성의 또 다른 표시이다. 다른 말로, 인지경제성의 다른 측면에서 작용하는 운용과 원리들은 언어학적 연산을 위한 자연스런 자원이다. "자연성"의 또 다른 표시는 연산운용의 "원자성(atomicity)"이다. (두 표현을 묶는) 병합(Merge)과 (표현을 복제하는) 복사(copy)는 연산적으로 "원자적(atomic)" 운용으로 간주된다.[4] 이 둘은 좀 더 기본적인 운용이 여러 개 결합된 것으로 분석되는 "수동태(passive)"와 같은 좀 더 복잡한 언어 고유의 규칙과 대조된다. "간결한"과 "원자적"이라는 개념은 물질처럼 두뇌의 실행에 관심을 갖게 한다. 문법가들이 어떤 실행을 제안하든 이는 궁극적으로 두뇌회로(brain circuitry)에 내장되어야 한다. 인간이 병합과 복사회로를 어떻게 만드는지는 이성적으로 분명한데, 이것이 병합과 복사와 같은 근본적인 운용들을 매력적으로 만드는 이유이다.

강조하고 싶은 마지막 요소는 David Poeppel과 그의 동료들이 강조했듯이, 우리가 제안하는 어떤 문법적 과정도 인간의 FL안에서 진정 운용되려면 두뇌회로에 내장되어야만 한다는 것이다. 그러나 언어와 두뇌의 연결가설은 "이들이 총칭적인(generic) 연산적 하위경로에 의존하는 연산적 분석을 활용할 경우에만 결실을 맺을 수 있는 것처럼 보인다"(Poeppel & Monahan 출판 예정). 따라서 기본운용들을 간결하고 일반적이 되도록 유지하는 것만이 실행될 수 있다는 장점을 갖는다.[5]

---

[4] 여기서 원자적이란 복합적이 아닌 근원적인 일반 생물학적 운용을 의미한다. 언어 고유적 특성은 원자적이 아니라 복합적이다. 이는 근본적으로 회기적(recursive)이다.

[5] 문법의 근원적인 것들이 어떻게 신경학(neuroscience)의 근원적인 것들과 관련되는지의 연구는 Embick & Poeppel(2005a)를 참고하라.

요약하면, FL이 간결하다는 것은 자연스럽다는 말과 일치하고 다시, 자연스럽다는 것은 연산이 가능하고, 인지적으로 일반적이고 또한 원자적이며, 신경회로에 내장될 수 있을 만큼 충분히 기본적인 원리와 운용에 기초한다는 것이다.

명백히, 위에서 언급한 요망사항에만 국한해도 이러한 지침을 어떻게 해석하는가에 관한 다양한 견해의 여지는 충분하며 기본운용과 원리의 목록에도 상당히 많은 해당요소들이 있을 수 있다는 것은 놀라운 일이 아니다. 그럼에도 불구하고 이러한 지침들이 구문과 문법적 제안의 평가에서 수사적 역할 이상의 역할을 할 수 있으리라 믿는다. 좀 더 구체적으로, 간결한 운용과 원리를 추구하는 것이 흥미로운 최소주의자적 연구이다. 다른 말로, 진화적이며 신경학적으로 그럴듯한, 그리고 자연언어문법의 기본 특질들이 질적으로 도출될 수 있는 소수의 운용과 원리 목록에 기초한 문법적 모델을 제안하는 것이 목표이다. 이에 대한 타당성은 진화적 용어로 가장 잘 설명될 수 있다.

1.2. 최소주의와 다윈의 문제

지난 50년간 생성문법가들은 아래 (a-c)와 같은 자연언어문법(NLG)의 많은 특징적인 특질들을 발견해왔다. (a) NLG는 회귀적(recursive)인데 즉, 이들의 결과물인 문장과 구들은 크기에 있어 무한정(unbounded)하며 반복적으로 일어날 수 있는 요소들로 구성된다. (b) NLG는 (X'-구조에 의해 나타나는 것과 같은) 특별한 종류의 계층적 구조를 나타내는 구들을 생성한다. (c) NLG는 (Wh-이동, 존재구문에서 도치된 주어와의 일치, 또는 재귀적 결속에서와 같은) 비국소적 의존성을 보이는데 이는 (결속관계가 성분통어(c-command) 요건을 갖는 것처럼) 계층적 제약과 (통제어가 최소의 거리제약을 받고 대용어는 국소적 영역에서만 일어나야하는 것처럼) 국소제약(locality restriction)을 준수한다. 이러한 특질들은 자연언어의 보편적 특질들이므로 인간문법의 보편적 자질이라고 간주된다. 일반적으로 알려진 가설은 이러한 특질들은 FL의 기본구성, 즉 UG의 원리로부터 도출된다는 것이다.

이러한 조건을 염두에 두고, FL은 최근에 나타난 진화물이라는 사실을 살펴보자. 언어는 지난 5만 년 내지 10만 년 전에 인간에게 발생한 것이라는 것이 공통된 가정이다. 이는 진화의 관점에서 보면 상당히 급속한 산물이다. 따라서 FL이란 언어로 변화되기 이전에 가능한 인지적 자원이 결합하여 만들어질 수 있는 1~2가지 진화적 혁신(evolutionary innovations)이라 할 수 있다. 그렇다면, 이는 FL의 1~2가지 언어고유 특질과 결합할 때 UG 고유의 특질들을 만들어내는 언어 인지구조 이전의 상태가 무엇인지를 설명하려는 시도로 이어진다. 다음의 2~4장에서 이러한 일반적 개념을 다룰 것이다.[6]

이러한 접근법은 FL의 특정한 개념에 묶이게 되며, 따라서 상당한 내적 조합성(modularity)을 갖지 못한다. 이유는 UG의 조합적 이론은 FL이 복잡한 구조를 갖는다는 것을 가정하기 때문이다. 이는 복잡한 방식으로 상호작용하는 많은 구별되는 부문들을 갖는다. 복잡성은 자연선택(natural selection)을 요구하고 자연선택은 그 마법을 실행할 (적어도 수 백 만년의) 시간을 요구한다는 가정에서 보면, 인간의 급속한 언어출현은 자연선택을 요구하는 복잡성을 허용하지 않는다.[7] 급속한 언어출현과 복잡성이 양립할 수 없다면, GB식

---

6) 이는 확실히 Hauser, Chomsky & Fitch(2002)의 생각을 반영한다.
7) 복잡성이 자연선택을 요구한다는 가정은 일반 가정이다. Tobby(1992), Dawkins(1996)과 Fodor(2000:87)에서 인용된 Pinker(1997)를 참고하라. 이를 위해 Dawkins(1996:202)의 말을 인용하면 다음과 같다. "자연에 어떤 목적을 위해 충분히 강력하다고 생각하는 훌륭한 설계가 있다면 이를 설명할 수 있는 가장 잘 알려진 기제는 자연선택이다."

의 상당히 조합적인 이론구성은 재검토되어야 한다는 것을 제안한다. Fodor(1998)의 다음과 같은 논리는 이를 잘 설명하고 있다.

> 만약 정신이 선천적 조합단위(modules)의 구성이라면 이는 자연선택 과정에서 점진적으로 진화되어야 한다는 것은 분명하다.[8] 왜냐하면 조합단위는 연산이 필요한 문제의 영역에 관한 많은 전문화된 정보를 포함하기 때문이다. 또한 많은 상세한 요소들이 신경학의 비교적 적고, 예기치 않은 교체를 통해 두뇌에 들어온다면 이는 기적이라 할 수 있다. 달리 표현하면, 적응론이 심리학에서 일어나지 않는다면, 인간의 정신을 아주 명석하게 만드는 그 무엇은 상당히 일반적인 것이어야만 한다.

정신의 조합성은 FL의 조합성에도 적용된다.[9] 상당히 조합적인 FL은 자연선택을 통해 적응을 요구하는 일종의 복잡성을 갖는다. 덧붙여, 자연선택을 통한 적응은 상당한 시간을 요구한다. 만약 자연선택을 운용할 만큼의 시간이 충분하지 않다면 (그리고 5만~10만 년의 시간은 진화의 시간으로는 한 번의 눈 깜박할 시간이므로), 적응이란 있을 수 없고 또한 이러한 고도의 조합적 복잡성도 없다. Fodor가 지적하듯이, 결론은 정신이든 FL이든 관심체계

---

8) Fodor(1998)는 조합단위(module)를 다음과 같이 정의한다. "조합단위란 다소 자율적(autonomous)이며 특정한 용도의 연산체계이다. 이는 아주 한정된 문제들을 해결하기 위한 것이며 문제를 해결하기 위해 사용하는 정보는 독점적이다." Fodor의 정의는 GB 조합단위를 아주 잘 설명하고 있다. 자율적이란 말의 구체적 예로는, 격배당을 연산할 때 의미역을 무시할 수 있고, 비슷하게는 결속관계를 인허할 때 격과 의미역 특질은 무시할 수 있는 것을 들 수 있다. 특정한 용도라는 말의 예로는, 격과 의미역 그리고 결속의 비교 같은 것을 들 수 있다. 각 각이 언급하는 문제들은 아주 한정되며 개념은 독점적이다(예: 통제, 결속).
9) 규칙과 원리의 목록은 정신/두뇌의 진정한 기제를 기술한다.

는 간결해야하고 일반적으로 생각하는 것보다 좀 더 일반적이어야 한다.[10]

이해를 돕기 위해, 여기서 두 가지를 지적하겠다. 첫째, 이런 논리는 (언어의 영역에서 진화적 문제에 관해 우리가 알고 있는 것이 빈약하다면 이런 논리가 얼마나 위험한 것일 수 있는지 아는 것이 중요하긴 하지만) FL이 구별되는 인지능력이라는 생각에는 의문을 제기하지 않는다. 문제가 되는 것은 FL이 다른 두뇌능력과 관련해서 조합적인지가 아니라 FL 자체가 내적 조합기관(modular organization)인가의 질문이다. GB에서 나온 표준적인 견해는 FL 자체가 조직원리를 갖는 많은 상호작용하는 문법적 하위체계로 구성되어 있다는 것이다. 예를 들면, 결속이론은 결속영역과 같은 특정한 국소영역을 갖으며 원리 A/B/C와 같은 자체의 인허조건과 재귀사, 대명사, R-표현과 같은 특정한 적용의 범위를 갖는다. 통제이론, 격이론, 의미역 이론 등에도 동일한 것들이 해당된다. 비교적 짧은 기간 동안 FL 자체와 FL의 각 조합단위 둘 다에 관련하는 상당히 많은 복잡한 구조를 FL이 만들어 낼 것이 요구되므로 이런 종류의 조합성이 가정된다. 그러나 만약 시간적 제약 때문에 이런 식의 조합성이 불가능하다면 풍부한 내적 조합성은 FL 자체의 특질이 아니다.[11] FL이 내적 조합기관이 아니라면, 이는 GB의 내적 조합성은 재조명되

---

10) 위의 두 다른 논의의 이해를 돕기 위해 차이점과 문제점을 요약하면 다음과 같다.
   (i) FL이 최근의 진화물이라는 사실에 기초 1~2가지의 진화적 혁신이라는 가정의 문제점: 점진적 자연선택을 요구하는 복잡성을 설명할 수 없고 GB식의 조합성 체계를 설명할 수 없다.
   (ii) 선천적 조합단위는 점진적 자연선택의 과정을 요구하는 GB 가정의 문제점: FL이 최근의 진화물인 사실을 설명할 수 없다.
11) GB의 조합구조의 재조명과 관련 아래 두 질문이 가능하다.
   (1) FL이 다른 두뇌능력과 관련해서 조합적인가?
   (2) FL 자체가 내적 조합기관(modular organization)인가?
      (또는 FL은 일반인지체계가 아닌 언어학적 체계인가?)

어야한다는 것을 의미한다.

둘째, GB가 발견한 일반화와 "문법의 규칙(laws of grammar)"들이 대체로 실증적으로 옳다고 가정한다. 언어연구에서 현대생성문법이 기여한 것 중의 하나는 GB에서 구체화된 그런 특질들의 발견이다.[12] GB의 내적 조합구조를 재조명하자는 것은 이러한 일반화를 버리자는 것이 아니라, 오히려 이러한 일반화가 좀 더 근원적인 요소들의 산물이라는 것을 입증하고자 하는 것이 본 연구의 목표이다. 즉, 문법이론의 안건에 좀 더 기본적인 원리와 근원으로부터 이러한 "법(laws)"을 추론하는 목표를 첨가하는 것이다.[13]

전반적으로 주된 핵심을 위한 현재의 그림은 다음과 같다.

(1) 사전 언어원리와 운용(Pre-linguistic principles/operations) → "??"
→ (대략) GB 법칙[14]

위의 두 질문에 대해 (2)는 GB의 견해이다. GB는 언어학적 체계로 일반 인지능력은 주변적이라고 간주한다. 그러나 GB와 대치되는 주장에서는 시간적 제약 때문에, GB식의 조합성이 불가능하다면 풍부한 내적 조합성은 FL 자체의 특질이 아니며 또한 동시에 FL은 언어학적 체계가 아니라고 주장한다. 덧붙여 FL의 언어 고유적 특성은 빈약하다는 결론이 나온다.

12) GB의 일반화 특질은 LFG, GPSG, Tag 문법, 관계문법(Relational Grammar) 등과 같은 다른 생성문법에서도 유사물을 갖는다. 이러한 다른 생성문법의 "틀(frameworks)"은 기호적인 이형처럼 보인다.

13) 제안된 GB의 상태를 설명할 수 있는 물리학의 용어가 있다. 대체로 옳은 이론의 특질들이 설명의 대상이 될 때 이를 "효율적 이론(effective theory)"이라고 부른다. "효율적 이론"은 이미 구별되는 한 지침이므로 이미 상당한 실증적 신임을 갖지만, 효율적 이론의 구조적 특질들은 좀 더 일반적인 설명에 적용되는 추가의 다듬기 과정이 필요하다는 것도 함축한다. 그렇다면, GB를 (다른 유사 이론들과 함께) 효율적 이론으로 취급하는 것은 그 업적에 대한 칭찬이며 또한 동시에 추가의 이론적 다듬기를 요하는 것을 의미한다.

UG의 진화과정을 나타내는 그림 (1)은 학습과정인 (2)와 같은 좀 더 잘 알려진 체계를 만들어낸다.15)

(2) (L의) 1차 언어자료(PLD) → UG → (L의) 문법

잘 알려진 (2)의 그림은 FL의 구조를 "플라톤의 문제" 또는 언어습득의 논리적 문제라고 일컬어지는 블랙박스 문제로 간주한다. 목표는 소수의 개별적인 1차 언어자료간의 차이를 1차 언어자료와 일치하는 개별언어문법과 연결할 수 있는 원리체계를 형성함으로써 UG를 연구하는 것이다. (PLD가 제공하는 정보가 FL의 최종상태의 특질을 결정하기에는 많이 부족한 것처럼) 이 둘 사이의 차이가 상당히 실질적인 것을 알기 때문에 이 차이를 줄이기 위해 생성문법학자들은 (UG의 원리를 포함한) 상당한 선천적인 정신구조를 요구한다. GB는 이러한 "자극의 빈곤(poverty of stimulus)"을 충족시킬 수 있는 UG의 구조를 잘 설명하는 하나의 제안이다.

GB 모델의 한 중요한 특질로는 규칙과 원리의 언어학적으로 충실한 관점뿐만 아니라 정교한 내적 조합성을 들 수 있다. GB 체계의 조합단위들은 특히 언어학적이다. 언어학적이라 함은 GB의 구조가 언어의 특정한 문제에

---

14) (1)은 UG 원리의 진화를 인간의 사전 언어 정신적 상태와 어떤 다른 것("??")의 기능으로 간주한다. (즉, 이를 도식화하면, UG = 사전 언어원리와 운용(제3의 요소) + "??"(제1의 요소)). 사전 언어원리와 운용은 일반생물학적 원리를 의미하며 단기간의 진화과정에서 1~2가지의 혁신적인 어떤 다른 것 "??"을 찾는 문제가 바로 "다윈의 문제"가 된다.
15) 현대생성문법이 연구하는 것은 경험과 언어능력사이의 차이이다. (2)에서 UG의 규명이며 이는 플라톤의 문제이다. 반면 최소주의가 연구하는 것은 (1)에서 사전 언어원리와 운용이 "??"과 결합하여 UG를 만드는데 세 번째 요소인 일반생물학적 원리와 (생물학적 원리가 제공하지 못하는) 첫 번째 요소 사이의 차이이다.

적용되는 좀 더 일반적인 인지 체계의 반영이라기보다는 언어학적 영역의 세부적인 상세함을 반영한다는 것을 의미한다. 이런 개념에서, FL은 언어학적 체계로 이의 기본특질들은 언어에 국한한 문제들, 즉 선행(antecedence)과 관련한 문제, 결속, 이동, 일치, 격, 내심성(endocentricity), 성분통어와 관련한 정교한 구조들을 반영한다. 이러한 것들은 다른 인지영역에서는 찾아볼 수 없는 언어 고유적이다. GB는 원리와 운용들이 인지적으로 독특하고(*sui generis*)하고 언어에 고유하다는 점에서 인지적으로 예외라고 하는 것이 정당하다고 주장한다.16) 다른 말로, GB는 FL의 내적구조가 다른 인지 조합단위의 원리와 운용과는 거의 유사하지 않다는 점에서, FL이 인지적으로 구별된다는 견해를 뒷받침한다. Chomsky(2005a)의 용어를 빌면, GB는 언어능력은 첫 번째 요인인 선천적 언어능력이 주를 이루고 이것이 어떻게 작용하는 가를 설명하기 위해서 세 번째 요인인 일반생물학적 원리는 비교적 주변적이라는 견해를 반영한다.17)

(1)은 (2)처럼 도식화된다. 이러한 추론은 학습과 진화 사이에 유추가 가

---

16) Embick과 Poeppel(2005a)이 언급하듯이, FL의 근원을 찾기 위해 두뇌의 관련성을 연구하는 이들에게는 큰 문제가 될 수 있다. 그들은 이를 입도(粒度) 문제(granularity problem)라고 부른다. 그들은 언어학과 신경학의 한 목표는 각각의 기본 개념을 관련시킬 수 있는 단계를 찾는 것으로 이러한 문제를 해결해야만 한다. 그들은 추상적인 적절한 단계를 "회로(circuit)"라고 구체적으로 제안한다. 회로란 간결한 운용을 완수하는 두뇌구조이다. 실증적인 근거를 갖고 있고 신경학적 인간의 두뇌(neural netware)에 내장될 수 있는 이러한 근원적인 운용을 찾는 것이 목표이다. 이런 조건하에서 최소주의자들의 목표는 가능한 신경회로의 후보자로 고려할 수 있는 언어연산의 기초가 되는 아주 기본적이고 근원적인 운용의 부류를 찾는 것이다.

17) Chomsky(2005a)는 언어설계를 위한 세 가지 요인(three factors)으로 첫째, 선천적 언어능력(UG), 둘째, 경험 그리고 셋째, 생물학적 일반원리를 들었다.

능하다는 믿음에 근거한다. 두 경우 모두 발전이란 부분적으로 환경적 입력의 기능이며 또한 부분적으로 발전하는 유기체의 이전 구조에 대한 기능을 의미한다. 두 경우 모두 발전적 과정에서 환경의 효과가 "구체화되기(shaping)" 위해서는 환경이 발전하는 구조를 형성할 수 있을 만큼의 합당한 시간을 요구한다.[18] (1)은 UG 원리의 진화를 인간의 사전 언어 정신적 상태와 어떤 다른 것("??")의 기능으로 간주한다. 더욱이, "??"이 무엇이든 간에, 이는 상당히 사소한 것인데 FL/UG가 상당히 급속히 나타났다는 점을 염두에 두면, 이는 새로운 운용 또는 원리일 수 있다. 우리는 이러한 과정을 (이를 언어진화의 논리적 문제 또는 "다윈의 문제"라고 부르자) "UG의 원리를 추론하기 위해서는 사전 언어적 인지 운용과 원리의 목록에 무엇이 추가되어야만 하는가?"의 질문을 제기함으로써 추상적으로 살펴볼 수도 있다.[19] 무엇이 추가되든 상당히 빈약하긴 하지만 비언어적 인지체계의 요소들과 결합했을 때 GB가 요약한 특질들을 갖는 체계를 도출하기에 충분해야한다. 다른 말로 하면, 원하는 바는 FL에 대해 우리가 이미 알고 있는 것을 추출해낼 수 있는 좀 더 일반적인 인지작용에 추가되는 1~2가지의 운용이다. 이런 개념에서, FL의 운용과 원리에서 언어 고유적인 것은 실제로 빈약하다. 이는 GB의 기저윤리와 강력히 대조된다.[20] 다윈의 문제는 FL의 인지적 예외주의(즉, 언어적이라 주장)에 반대한다. 요약하면, FL의 기본적 운용과 원리는 대체로 사전

---

[18] 학습과 진화의 관련성은 오랫동안 인식되어왔고, 생성문법에서 이와 관련한 초기 이론은 Chomsky(1959)로부터 유래된다. 학습과 진화의 유사성은 Skinner에 의해서도 인식되었고 그의 심리학적 개념을 위한 주된 동기가 되기도 했다.
[19] "다윈의 문제"라는 용어는 Boecks(출판예정)로부터 인용한다. 여기서는 "??"가 무엇인지 밝히는 문제가 "다윈의 문제"이다.
[20] GB에서의 FL은 언어학적이라고 가정하나 여기서는 언어학적인 UG는 빈약하며 생물학적 진화의 일반원리가 큰 부분을 차지한다고 가정한다.

언어적으로 가능하며 일반적으로 인지(또는 연산)를 규제하는 것들로부터 얻어져야한다. 이러한 것들을 UG안에 포함하고 1~2가지의 새로운 요인을 첨가함으로써 FL이 진화했다. 이것이 단기간의 틀이 요구하는 것이다. (1)이 가정하는 것은 아주 작은 추가요인이라 하더라도 올바른 배경조건하에서는 강력하다는 것이다. 문제는 합리적인 배경의 운용들과 원리 그리고 적절한 "혁신(innovation)"을 찾는 것이다.

이러한 프로그램은 아래와 같은 Fodor(1998)의 표현에 잘 나타나고 있다.

> . . . 행동의 진화는 두뇌의 진화에 의해 중재된다는 것은 잘 알려진 사실이다. 따라서 정신(mind)이 적응(adaptation)인지 아닌지의 질문과 관련 중요한 것은 우리의 행동이 얼마나 복잡한가의 문제가 아니라 인간정신의 인지구조를 만들기 위해 얼마나 많이 침팬지의 두뇌를 변화시켜야 하는 가이다. . . . 인간정신과 달리 인간두뇌의 구조는 어떤 척도를 가지고 보아도 침팬지의 두뇌구조와 아주 유사하다.[21] 따라서 두뇌구조를 아주 조금만 변화시켜도 침팬지 조상으로부터 인간에 이르는 상당한 행동의 불연속성을 만들어내는 것처럼 보인다.

이는 언어능력의 출현에도 적용되며 인간과 침팬지 조상사이에 구별되는 분명한 행동의 차이에도 적용된다.

여기서 두 가지 추가의 요점에 주목하라. 첫째, Fodor가 지적하는 행동의 진화적 설명은 두뇌구조의 변화에 편승한다. 이것이 우리가 두뇌에 구현되는 과정과 기제에 기초하는 설명을 원하는 이유이다(주석 15참고). 둘째, Fodor가 정확히 관찰하고 있듯이, 이러한 논의의 상당부분이 탁상공론에 불과하다. 왜냐하면 언어적이든 비언어적이든, 행동이 두뇌구조에 어떻게 부수되는지

---

21) 침팬지와 인간의 유전자지도는 98.77%가 동일하다고 알려져 있다.

알려진 것이 거의 없기 때문이다(Fodor는 "정확히 무(exactly nothing)"의 상태라고 생각한다). 언어의 영역에서, 언어능력이 어떻게 문법구조에 의존하는지는 잘 알려져 있으므로, 최소주의 프로그램의 한 목표는 문법의 특질이 두뇌의 연산적 회로와 배선을 설명할 수 있는 좀 더 근원적인 운용과 원리에 어떤 식으로 부수되는지를 연구하는 것이다.

많은 최소주의자들의 제안은 어떻게 (1)를 구체화하는 지에 역점을 두는 것으로 이해될 수 있다. Chomsky(2005a)는 이를 위한 최고의 교재이다. 그가 지적하듯이 어떤 문법에도 (i) 언어고유의 선천적 재능, (ii) 경험, 그리고 (iii) 언어 또는 유기체에 독립적인 원리와 같은 3가지 종류의 원리가 있다. 더욱이, 이 중 어떤 것이 문법의 특질을 더 잘 설명하면 할수록 다른 것에 의한 설명력은 줄어든다. 현대생성문법이 연구하는 것은 경험과 언어능력사이의 차이이다. 최소주의가 연구하는 것은 위에서 언급한 세 번째 요소인 비언어적 원리와 운용과 제3의 요소가 제공하지 못하는 UG가 필요한 것인 첫 번째 요소사이에 차이이다. 단기간의 진화정도는 Chomsky(2005a:3)와 Fodor(1998)에서 지적된 것처럼 세 번째 요소의 상당한 역할을 암시한다. (1)과 같은 미완성의 제안은 GB식의 문법들이 밝혀낸 일반화를 설명의 목표로 삼으면서 (또는 GB를 효율적 이론으로 간주하면서) 활발하게 연구되었다.

다음 단계로 나아가기 전에, 강조하고 싶은 한 요점은 최소주의는 대략 "다윈의 문제"가 "플라톤의 문제"를 해결한다는 점에서 GB와 맥을 같이한다고 볼 수 있다는 것이다.[22] GB는 풍부하고 상당히 구체화된 언어 고유적인 선천적 원리들을 가정함으로써 언어영역에서 플라톤의 문제를 "해결"한다. 성공적이라면, 이는 어떻게 아이들이 언어입력의 빈약함에도 불구하고 그들의 모국어를 습득하는 것이 가능한지를 설명한다.[23] 이런 종류의 대답은

---

22) 이는 Paul Pietroski와의 논의에 많은 도움을 받았다.

GB가 제안하는 기제는 인간에게만 가능할 수 있다는 것을 전제한다. 생성적 기획과 관련하여 회의적인 것은 UG가 요구하는 구조는 단순히 (단기간의 자연선택과 같은) 표준적인 진화수단에 의해 가능할 수 없다는 것이다. 만약 그렇지 않다면, 분명 인간의 언어능력은 이러한 기제를 사용하여 설명될 수 없다. 최소주의는 FL이 단기간의 출현이라는 문제를 심각히 받아들여, FL이 경험의 효과(즉, 자연선택을 통해) 또는 (예를 들면, 이미 존재하는 것에 새로운 기제의 추가와 같은) 어떤 다른 것의 부산물로 인간에게 나타날 수 있다고 제안한다. 그런데 자연선택이 사용되려면 상당한 정도의 시간을 요구한다. FL은 최근에 그리고 진화시간으로 측정하면 급속하게 나타난 것처럼 보이므로 첫 번째 가능은 배제된다. 따라서 "부산물(by-product)" 가설만이 남는다. 그렇다면 부산물은 무엇의 부산물인가? 단기간의 FL 출현은 GB가 구체화한 언어 고유적인 FL이 마치 신기루처럼 보이게 한다. FL은 일반적으로 "최소의 가능한 모험적 추가"를 갖는 인지와 연산에서 추출된 운용과 원리의 결합이어야만 한다. 다른 말로 하면, 이런 상황에도 불구하고, FL은 "거의" 일반적 인지기제를 언어의 문제에 적용한 것이다. "거의"라는 표현은 5만 내지 10만 년의 시간주기가 허용할 수 있는 1~2가지의 혁신이라는 것을 말한다. 최소주의적 가설은 FL이란 인지와 연산의 일반원리에 아주 적은 1~2가지의 새로운 회로가 추가된 후에 나타날 수 있는 것을 의미한다. 만약 이것이 FL에 대해 알 수 있는 "전부"라면, 이는 자연선택의 효과 없이도 어떻게 FL이 인간에게 그렇게 급속하게 나타날 수 있었는지를 설명한다. 최소주의적 목표는 좀 더 명확한 용어로 이 그림을 구체화하는 것이다.[24]

---

23) 잘 알려진 대로, 이는 사례를 과장한다. GB같은 원리와 매개변항(Principles and Parameters) 설명은 아이들이 어떻게 언어를 습득하는지 아직 설명하지 못한다. 예를 들면, 어떻게 매개변항이 설정되는지의 문제는 아주 어려운 문제로 아직 해결되지 않았다.

1.3. 두 종류의 최소주의 추가 연구계획: 축소전략과 FL의 언어적 자질 추출

이러한 이론적 목표를 달성하기 위해 현재 진행 중인 두 종류의 전략이 있다. 첫째는 축소전략(reductive strategy)인데, 이의 목표는 동일한 운용에 대해 분명히 다른 현상을 축소하기위해, UG의 내적 조합성을 축소하는 것이다. 이는 "구문"을 좀 더 근원적인 부문으로 분해함으로써 구문을 문법적 근원에서 삭제하려는 GB 초기의 노력을 계승하는 것이다.[25] UG의 내적 조합성을 축소한다는 것은 일반인지체계의 확대를 의미한다. 축소전략과 관련, 두 가지가 이를 설명한다.

한 중요한 축소의 예는 "*Wh*-이동에 관한(On *Wh*-movement)" Chomsky (1977)의 연구이다. 여기서 Chomsky는 각 이동에 포함되는 동일한 운용을 추려냄으로써 섬 효과(island effects)를 보이는 다양한 구문들을 통합하였다. 특히, *Wh*-이동, 화제화(topicalization), 초점이동, *tough*-구문, 비교구문 그리고 관계화(relativization)는 모두 하위인접(subjacency)을 준수하는 *Wh*-(또는 A'-) 이동을 포함한다는 공통관점에서 섬 효과를 보인다. 다른 종류의 구문들로 간주되던 것이 이후 하위인접에 대한 공통된 한 가지 핵심운용(*Wh*/A'-이동) 을 포함하는 구문으로 간주되었다. 다른 말로, 섬 조건에 대한 민감성은 하위

---

24) 이런 식의 문제언급은 진화의 기제가 무엇인지 밝히는데 도움이 되지 않는다. 이는 FL의 근간이 되는 1~2가지의 혁신을 선택하기 위해 자연선택이 작용한다는 견해와 양립한다. 또는 이는 FL의 구별되는 특질들은 선택되는 것이 아니라 (임의적인 돌연변이 또는 두뇌성장의 부산물과 같이) 단지 발생하는 것이라는 입장과도 양립한다. 만약 우리가 언급하는 것이 상당히 구조적인 FL의 내적 조합성이라기 보다는 하나의 새로운 회로의 출현이라 하더라도 이상하지 않다. 물론, 일단 "출현되면(emerged)", FL의 상당한 유용성이 자연선택을 통한 보존을 보장한다.
25) 논의를 위해 Chomsky(1983)를 참고하라.

부문으로서 Wh/A'-이동을 갖는 개별적 구문의 특질이다.

섬 제약을 Wh/A' 이동을 포함하는 구문으로의 축소는 화제화나 관계화가 동일한 구문이라고 주장하는 것은 아니다. 이들의 구별되는 특질들은 분명하다. 그러나 구별적인 차이점에도 불구하고 이러한 구문들은 모두 동일한 Wh/A'-이동을 하기 때문에, 이들은 모두 하위인접조건을 따르고 이 조건이 위배되면 섬 효과를 보인다. 따라서 이러한 다양한 구문들의 섬 특징은 각각을 공통의 Wh/A'-이동을 포함하는 것으로 분석함으로써 설명된다. 왜 화제화, 관계화 그리고 의문문이 모두 섬 조건을 준수하는가? 이러한 구문들의 차이점이 무엇이든, 이들은 모두 Wh/A'-이동을 하고 이 Wh/A'-이동은 하위인접을 준수한다.26)

두 번째 이런 식의 축소전략은 Hornstein(2001)에서 연구된다. 그는 필수통제(obligatory Control)와 결속원리 A(Principle A)를 이동의 조건으로 축소시키는 시도를 한다. 좀 더 일반적으로, 모든 자질점검(feature checking)은 병합(Merge)하에서 일어나며 이동은 병합의 예로 이동을 통한 복합적 의미역 위치로의 병합이 가능하다는 것이 제안이다. 이는 (Chomsky(1993)가 격 이론을 격과 의미역, 선행관계를 병합과 이동의 합법적 적용으로 만들어질 수 있는 것으로 축소함으로써 UG의 조합성을 축소한 것처럼) 필수통제와 원리 A가 이동이론으로 축소되는 효과를 갖는다. 이는 Chomsky(1977)의 축소원리의 이형으로 A-영역에도 적용된다. (많은 면에서 차이가 있긴 하지만) 화제화

---

26) Chomsky(1977)가 비교삭제(Comparative Deletion)와 같은 삭제규칙을 Wh/A'-이동의 관점에서 재분석하려고 한 것을 주목하라. 실제로 Chomsky는 섬 특질을 보이는 삭제규칙은 이동으로 축소되어야 한다고 주장한다. 이러한 축소가 삭제규칙들이 왜 섬 조건을 준수하는지 설명하는데 도움이 되는데 왜냐하면 섬 조건은 UG의 이론에서 잉여성을 제거함으로써 이동운용의 특질이 되기 때문이다 (Chomsky(1977:89) 참조).

와 관계화가 A'-이동의 공통된 운용을 포함하듯이 통제와 관계화 (그리고 수동태와 인상(raising)) 경우도 A-이동을 공통된 특질을 포함한다. 이러한 개념에서 통제와 인상(그리고 수동태)을 구별하는 것은 관련된 (동일한) 근원적인 운용이 아니라 A-이동(복사와 병합)이 적용되는 횟수와 이동하는 요소가 통과하는 자질점검의 위치이다(예를 들면, 통제와 재귀화(reflexivization)는 인상이나 수동태와 달리 의미역 위치를 통과한다). 이런 종류의 축소가 설명적 이점을 갖는다. 예를 들면, 왜 PRO와 재귀사가 선행사에 의해서 성분통어 되는가 라는 질문에 이들은 이동이 형성하는 사슬의 꼬리어로 사슬의 머리어는 항상 꼬리어를 성분통어 하기 때문이라고 답변할 수 있다. 재귀사와 필수 통제되는 PRO들은 왜 선행사에 의해 국소적으로 인허되는가? 이들은 A-이동의 잔여물로 선행사가 A-이동의 전형적인 (최소성(minimality)과 최소노력(least effort)을 준수하는) 방식으로 이동했을 경우에만 가능하다.

축소는 설명력을 강화하기 때문에 가능하다면 방법론적으로 "항상" 선호되는데, 현 상황에서 축소는 UG인 GB 이론의 조합적 특성을 축소시키는 추가적인 장점을 갖는다. 결속, 통제, 격 점검과 의미역 배당이 동일한 조건을 갖는 동일한 기본 운용의 결과이다. 차이점 있다면 이는 점검되는 자질이다. 따라서 문법이 많은 자질을 점검하지만, 이들은 동일한 기본 기제인 최소성을 따르는 병합과 이동의 운용을 따른다. 예를 들면, 격 자질과 의미역 자질들은 격과 의미역 배당 핵 주변으로의 (A-이동인) 병합을 통해 점검되고 관계화, 화제화 등은 화제화와 관계화의 핵인 C 주변으로의 A'-이동을 통해 점검된다. 만약 이런 식의 분석이 옳다면, 많은 다양한 언어관계 복잡성의 기저에는 두 운용(즉, 병합과 이동)이 있는데 이들은 최소성과 하위인접과 같은 조건을 준수한다.[27]

---

27) 만약 이동이 Chomsky(2004)처럼 (내부)병합의 운용이거나 또는 Chomsky(1995a)

이런 맥락에서, 축소는 설명력을 높인다는 것과 FL의 구조를 간결화 한다는 것, 이 두 매력적인 특질을 갖는다. 후자의 경우는 어떻게 FL이 비교적 짧은 시간 내에 진화적 문제를 설명할 수 있는가에 대한 우선조건이 될 수 있으므로, 이는 (1)과 같은 체계화된 프로그램에 기여한다. 그러나 축소가 요구되는 첫 단계이긴 하지만, 이는 여전히 첫 단계에 지나지 않는다. 다음 단계는 FL에 채택된 다른 인지영역의 운용과 원리들로부터 오직 언어적 자질들만을 골라내는 것이다. FL원리로부터 언어고유자질의 추출이 두 번째 최소주의자적 연구이다. 즉, 두 번째 전략은 일반인지영역과 언어고유영역의 구별을 통해, 제3의 요소와 제1의 요소를 분류하고, 제3의 요소가 핵심적이며 제1의 요소는 주변적이라는 최소주의의 입장을 공고히 하는 것이다.28) FL에서 일반인지체계가 핵심적이라는 것을 밝히기 위해서는, 언어고유영역에 속했던 많은 GB의 특질들이 일반생물학적 원리로 설명이 가능하다는 것을 보여주어야 한다.

이를 위해 기본 운용인 병합의 예를 들어보자. 이는 다음과 같은 운용을 취한다. 병합은 입력으로 두 구성소를 선택하고 이 두 요소 중 한 요소의 표지를 갖는 새로운 구성소를 형성하기 위해 이 둘을 결합한다. 그렇다면, V는 V에 의한 표지를 갖는 목적어를 형성하기 위해 D와 결합하여 {V, D}를 만든다.29) 병합은 이분지적(binary)으로 확대조건(Extension Condition)을 준수

처럼 복사와 병합의 결합이라면, 다양한 문법적 관계들을 병합과 자질점검으로 축소할 수 있다.
28) GB의 FL 특성들 가운데 병합, 성분통어, 핵, 최대투사의 개념은 일반적 인지체계의 특성이며 표지화, 이동, 결속, 일치 등은 언어 고유적 특성이다. 따라서 후자의 경우들을 일반적 인지체계에 속하는 병합으로 설명할 수 있다면 언어 고유적 원리는 최소주의가 추구하는 바를 따르자면, 1~2가지로 축소될 수 있다.
29) 동사 V의 밑줄은 병합 후 만들어지는 요소의 표지를 의미한다. 표지화(Labeling)란 병합되는 두 요소 중의 하나로 확인하는 과정(identifying)이라 할 수 있다. 이

하며 결과물은 오직 한 표지만을 갖는다. 이때 다음과 같은 여러 질문들이 가능하다. 병합의 운용을 "원자적"이라 할 수 있는가?[30] 병합이 FL의 근원적 운용인지 아니면 좀 더 일반적인 인지적 운용인가? 병합은 왜 확대조건을 준수하는가? 왜 결과물에 표지는 하나만 가능한가? 왜 병합은 표지화가 필요한가? 구성소란 무엇인가? 병합은 이동과 어떻게 다른가?

이런 모든 질문들은 가능한 질문이며 이중 일부는 추정적인 답변을 갖는다. 예를 들면, "두 요소를 함께 묶는" 병합과 같은 운용은 FL에 특유한 운용이 아니다. 이는 일반적인 인지작용으로 언어 대상에 적용되었을 때 이를 병합이라 부른다. 문법에서 구조형성에 적용되는 확대조건은 언어영역 이외에도 적용되는 연산 작용이다. 이는 산출에서 투입의 구조적 특질을 보유하는 특질을 갖는다. 이는 연산체계가 가질 수 있는 훌륭한 특질인데 왜냐하면 이미 연산된 정보의 수정을 금지하기 때문이다(즉, 형성된 구조를 변화시키지 않는다). 연산은 점진적으로 정보를 추가하며 이들은 결코 어느 것도 삭제하지 않는다. 문법은 잘 고안된 연산체계이므로 이 체계는 불변하다고 믿는다. 이러한 추론이 왜 병합과 같은 연산체계가 확대조건을 준수하는지 설명한다는 점을 주목하라. 단조성(monotonicity)의 "좀 더 일반적인 연산적 요구"라는 언어적 표현이 확대이고 따라서 확대는 FL에만 국한되지 않는다.[31]

표지화란 무엇인가? FL에서 보는 표지화는 내심적(endocentric) 구(즉, 핵을 갖는 구)를 만든다. 자연언어의 구들은 내심적이라는 증거는 많다. 투입의

는 두 요소 중의 하나의 표지로 명명하는 운용이 아니라 현 기호로 {X, {X, Y}}에 해당한다.
30) "원자적"이라는 말은 근원적인의 의미로 일반 생물학적 원리를 따른다는 뜻이다.
31) 이는 Chomsky(2005a,b)의 비간섭조건(No Tampering Condition)에 해당한다. 확대란 병합은 오직 뿌리에서만 가능하다는 요건을 말한다. 추가적 논의는 2장을 참고하라.

하나가 표지를 제공하도록 함으로써 구성소를 형성하는 병합의 운용은 실증적으로 그럴듯하다. 그러나 이런 식의 내심적 계층구조가 FL 밖에서도 가능한 증거는 거의 없다. 또한 내심적 표지화가 분명한 연산적 장점도 아니다. 왜냐하면 만약 그럴 경우, 이를 다른 인지체계에서도 기대할 수 있지만 실제로는 그렇지 못하기 때문이다. 이는 내심적 표지화는 FL에 국한된 병합의 자질임을 암시한다.32)

병합의 모든 특질들이 5장에서 밝혀질 때까지 이런 식의 주장을 유지할 것이며 여기서는 병합의 다양한 특질을 분석하는 것이 아니라 첫 번째 요인(언어에 고유한 선천적 능력)을 세 번째 요인(일반 생물학적 진화요인)과 구별하는 것이 무엇을 의미하는지를 설명하는 것이다. 이후 좀 더 진지하게 이 문제를 다룰 것이다. FL의 구별적인 특질들은 소수(1~2)이며 나머지 특질들은 언어와 무관한 인지자질들의 실질적인 반영이다. 이것이 최근에 출현한 체계로부터 기대할 수 있는 것이다.

(1)의 도식에서, FL의 언어 고유적인 특질들을 찾는 연구는 언어에 국한하지 않는 FL/UG의 가능한 운용과 원리들에 의해 입력부와 접한다. 또한 이 연구는 선천적으로 가능한 기제와 함께 소수의 언어 고유적 근원들이 GB의 일반화를 도출한다는 요건에 의해서 산출부와 접한다. 따라서 이 연구는 GB의 자질들을 고려할 때 힘을 받는다. (1)에서 도식화된 것이 현실화된다면, 많은 분명한 언어 고유적 관계들과 운용이 특별한 세 번째 요소의 자질들로 드러나야 할 것이다. 많은 문법적 개념들이 (UG의 GB 유형과 최소주의자적 설명에서처럼) 언어 고유적이라는 조건에서는 이는 간단한 작업이 아니다. 몇 가지 예를 살펴보자.

두 표현을 국소적으로 연결하는 병합에 덧붙여서, 이동(Move)은 먼 거리

---

32) 내심성이 언어학습을 증진한다는 증거가 있다. Marcken(1996)을 참고하라.

의 언어요소들을 연결하는 운용이다. 세 번째 운용은 *일치*(AGREE)이며, 이는 (영어의 존재구문의 일치처럼) "이동(displacement)"없이 언어적 표현을 연결할 수 있다. 그렇다면, 인접하지 않는 두 표현이 서로 상호작용하도록 허용하는 결속(binding)이 나타난다. 이동, 결속 그리고 일치 관계는 언어에 산재하며 다른 인지영역에는 분명한 유사물이 없다, 덧붙여, 언어에만 독특한 것처럼 보이는 성분통어, 구성소, 핵, 최대투사와 같은 과잉의 관계들이 존재한다. 이러한 것들은 모두 FL의 근원적 요소들인가, 아니면 좀 더 일반적인 인지 자질의 언어영역에서의 외향적인 표현인가? 다윈의 문제 논리는 후자를 지지하는데, 이 프로그램의 과제는 어떻게 그럴 수 있는 지를 연구하는 것이다.

이러한 과제에 접근하는 한 방법은 다음과 같은 질문을 통해서이다. 병합, 이동 그리고 일치의 관계는 무엇인가? 이러한 운용이 모두 근원적인 것은 아니라는 제안들이 있다. Chomsky(2004)는 이동은 실제로 병합(재병합(ReMerge))의 일종이라는 제안을 했다. Chomsky의 초기 제안은 이동의 병합과 복사라는 두 운용의 합성이라는 것이다. 일치에 관한한, GB에서 비근접 일치는 내현적 이동을 나타냈다. 좀 더 최근의 설명은 내현적 운용을 제거하고 (장거리) 일치로 이를 설명한다. 복사 또는 장거리 일치는 언어 고유적인가? 만약 그렇다면, 이들은 FL를 형성하기 위해 취해질 수 있는 기본적 운용들의 일부가 된다. 만약 그렇지 않다면, 이들의 출현은 설명을 요하는 첫 번째 요인인 근원적인 것들이다. 다른 관련된 질문들로는 다음과 같은 질문들이 있다. 이동은 왜 구성소를 목표로 하는가? 이동은 왜 구조보존(Structure Preservation)을 준수하는가? 왜 대용어는 일반적으로 선행사에 의해 성분통어 되는가? 왜 이동된 요소들은 일반적으로 그들의 출발자리를 성분통어 하는가? 왜 문장은 계층적 구조를 갖는가? GB는 FL이 갖고 있는 다양한 특질들을 충분히 설명했다. 최소주의 프로그램도 FL이 왜 이러한 특질들만을 갖는지 설명하고자 한다.[33] 우리는 이러한 질문에 대해 어떻게 문법과정에 대한 이러한 사실들이 언어 고유적이 아닌 운용과 원리로부터 그리고 언어 고유적인 1~2가지의 혁신으로부터 급속하게 나타날 수 있었는지를 규명함으로써 이러한 질문들의 답을 구한다. Chomsky(1965)의 말을 빌면, GB는 FL의 법칙을 적절하게 기술할 수 있으므로 (대략) 기술적으로 타당(descriptively adequate)하다고 말한다. 만약 최소주의가 이러한 법칙들이 어떻게 급속하게 출현할 수 있었는지를 (즉, 어떻게 언어 고유적인 작은 추가물이 일반적 인지 원리와 결합하여 이러한 법칙들을 만들어내는지를) 설명할 수 있다면, 최소주의자적 가설은 설명적으로 타당(explanatory adequate)하다.[34]

위에서 언급된 두 최소주의 계획은 동시 연구과제이다. "다윈의 문제"를 해결하는 것은 어떻게 조합적 체계의 효과가 일반적 운용과 원리들과의 상호작용에서 나타나는지를 규명함으로써 FL 자체의 내적 조합성을 축소할 것을 요구한다.[35] 그렇다면, 이것이 이러한 운용과 원리들의 근원에 관한 두 번째 질문을 끌어낸다. 대부분이 좀 더 일반적으로 인지와 연산의 특성이 되는 원리와 운용들의 표현이기를 희망한다. 최소주의자들은 이런 식의 이론적 연구 계획이 성과 있게 추진될 수 있기를 바란다.

---

33) 기술적 타당성을 갖는 문법이 "무엇(what)"에 초점을 맞춘다면, 플라톤의 문제는 "어떻게(how)"의 문제이며 다윈의 문제는 "왜(why)"의 문제라 할 수 있다.
34) 설명적 타당성이 입도 비일치 문제에 대한 해결안을 제공한다는 Embick와 Poeppel의 제안을 지지한다.
35) 언어 고유적인 원리보다는 제3의 요소인 일반 생물학적 원리의 역할을 강조한다.

1.4. 책의 구성

이 책의 목표는 이러한 제안들을 실행할 수 있는 방법을 찾는 것이다. 1990년대 중엽이후 많은 연구가 UG의 최소주의적 설명을 발전시키는데 중점을 두었다. 최소주의 깃발아래 많은 분석이 이루어졌고 프로그램의 목표를 이해하기 위한 많은 다른 구체화된 방식들이 존재한다. 따라서 이 책의 연구가 초기의 연구에 기초하며 이후 구체화된 이론적, 기술적 결정에 기초한다는 것은 놀라운 일이 아니다. Hornstein을 포함한 여러 연구가 결속의 두 핵심적 사례인 국소적 대용사(원리 A)와 필수통제가 이동의 산물이라고 가정한다.36) 이 책은 이동식 접근법이 실증적으로나 이론적으로 실행가능하다는 것을 전제한다. 이 책은 어떻게 이러한 가정이 결속과 통제의 기본 특질들, 특히 성분통어요건을 도출해내는데 도움이 되는지 밝히는데 중점을 둔다. 이를 위한 두 핵심 개념들은 다음과 같다.

첫째, 모든 문법관계들은 병합 하에서 문법적으로 실행된다. 예를 들면, α가 β를 병합할 경우에만 α는 β를 의미역 표시하고, α가 β를 병합할 경우에만 α는 β를 통제한다. α가 β를 병합할 경우에만, α는 β를 국소적으로 결속하며, α가 β를 병합할 경우에만 α는 β를 격표시 한다.37) 분명히 선행사가 그들이 결속하는 대용사가 자매관계가 아닌 경우에 문법관계를 형성하는 병

---

36) 이러한 이동의 견해를 지지하는 논의로는 다음의 연구들을 참고하라. Boecks & Hornstein(2004, 2006). Boecks, Hornstein & Nunes(출간예정), Hornstein(2001, 2003, 2006), Kayne(2002), Lidz & Idsardi(1998), Polinsky & Potsdam(2002) 그리고 Zwart(2002) 등이 있다.

37) 이는 필요조건임을 주목하라. 분명히 이런 모든 관계들은 비대칭적(asymmetric)이다. 따라서 병합도 비대칭적이다. 표지화는 분명히 이러한 비대칭성을 체제에 도입하고 예를 들면, 운용의 일부가 대칭적인 경우(3장의 연결(Concatenate))일지라도, 의미역 표시자와 의미역 피표시자를 구별하는데 비대칭성을 활용한다.

합이 선행사 이동 후에 일어나야만 한다. 이동에 뒤따르는 이중화(doubling)가 문법에 만연하다는 주장은 Kayne(1972)과 Sportiche(1988)까지 거슬러 올라간다. 언어에 나타나는 다양한 국소적 조건들은 (이동 자체가 복사나 병합의 산물이므로) 이후 이동조건으로 축소되어진다.[38] 많은 연구들은 이동에 관련한 조건들이 무엇이며, 어떻게 그것들이 이해되는지에 관해 관심을 집중한다. 축소를 사용하는 이유의 큰 방향은 "다윈의 문제"를 해결하는 것이기 때문에 이 책은 이동에 관한 이러한 조건들이 어떻게 "훌륭한" 연산을 위한 조건이 되는지 그리고 그 결과로 이들이 세 번째 요인으로 어떻게 이해될 수 있는지를 밝히고자 노력한다.

둘째, 병합은 연결(Concatenation)의 한 종류이며, 언어의 계층은 필수구구조(Bare Phrase Structure)식으로 이해되는 내심적 표지화를 갖는 연결을 결합한 결과이다. 이런 식의 표지화는 연결 하에서 어휘요소의 영역을 종결하고 계층적 구조를 만들어내는 효과를 갖는다. 이런 식의 종결은 주어진 어휘항목들(즉, 핵에 의한 표지를 갖는 모든 어휘항목들)에 대해 통사적 상응부류(syntactic equivalence classes)를 정의하는 효과를 갖는다. 이러한 상응부류의 모든 항목들은 연산체계에 의해 동일한 것으로 취급된다. 내심적 표지화는 관련된 병합, 복사, 자질 점검 그리고 다양한 "훌륭한" 연산조건과 같은 운용들과 결합하여 자연언어를 특징짓는 많은 핵심의 특질들을 산출하는데, 여기서 내심적 표지화는 UG의 원리적 "신선함"으로 간주된다.

이러한 생각과 결과들은 이후 다음 장들에서 연구되어질 것이다. "플라톤의 문제"를 해결하려는 시도들이 UG 구조에 대한 재미있는 생각들로 이어지고 FL에 대한 우리의 이해를 높인 것처럼 "다윈의 문제"를 해결하려는 시도도 동일한 효과를 가져 올 수 있으리라 믿는다.

---

38) 이동을 병합(재병합)의 경우로 간주하는 연구도 마찬가지로 가능하다.

1.5. 최소주의와 다윈의 문제: 요약과 정리

◎ UG의 진화: UG 원리의 진화과정(UG의 세분화 단계) 도표
  (1) 사전 언어원리와 운용(Pre-linguistic principles/operations) → "??"
      → (대략) GB 법칙
      (UG = 사전 언어원리와 운용 + "??")

UG 원리의 진화단계를 인간의 사전 언어인지(즉, 일반생물학적 인지체계) 상태와 언어 고유적 인지체계인 어떤 다른 것("??")의 두 단계의 결합 기능으로 간주한다. 사전 언어원리와 운용은 일반생물학적 원리에 기초한 언어 이외의 다른 곳에도 적용되는 일반인지체계를 의미하며, 위의 도표 (1)에서 "??"는 언어 고유적인 선천적 언어인지체계를 의미한다. FL은 비교적 최근에 출현되었다는 사실에 입각한 단기간의 진화과정의 관점에서 보면 "??"은 1(~2) 가지의 진화적 혁신일 수밖에 없다. 이 극소수의 언어 고유적 원리인 "??"를 찾는 문제와 일반적 인지원리인 사전언어원리와 운용 그리고 "??"의 구성비율의 정도를 찾는 문제가 각각 "다윈의 문제"와 "입도 비일치 문제"이다.

◎ 관련 질문과 답변:
  (1) "다윈의 문제"(Darwin's Problem):
    a) "??"이 무엇인가?
       → 1~2 가지의 진화적 혁신이다
    b) UG의 원리는 왜 다른 방식은 허용하지 않는 그런 방식이 되어야만 하는가?
       → 일반 생물학적 원리에 기초한 인지체계가 허용하는 방식이 되어야 하기 때문이다.

(2) "입도 비일치 문제"(Granularity Mismatch Problem):
   a) 사전 언어원리와 운용과 "??"의 차이는 무엇이며 이 둘의 구성 비율은 어떠한가?
      → GB의 주장과는 정반대로 최소주의는 일반인지체계인 사전언어원리와 운용인 생물학적 원리가 핵심적이며, 언어 고유적 인지체계인 "??"는 주변적이다.

(3) "플라톤의 문제"(Plato's Problem):
   a) 빈약한 언어경험과 풍부한 언어지식의 차이는 왜 일어나는가?
      → UG를 형성하는 일반생물학적 원리와 언어 고유적 원리는 선천적으로 타고 나기 때문이다. (UG = 선천적 일반생물학적 인지체계 +선천적 언어고유체계)

◎ 사전 언어원리와 운용이 핵심적 요인이라는 증거를 위한 전략
   (1) 언어 고유적 특성의 분류와 축소전략 사용:
   GB의 조합체계에서 언어 고유적 특성이라 간주되던 이동, 일치, 결속 등의 문제를 이동이라는 동일한 하나의 현상으로 통합한 후, 이동 또한 일반인지현상인 병합의 현상임을 규명함으로써 언어고유인지체계는 축소되고(즉, 주변적이 되고) 일반언어원리와 운용이라는 일반생물학적 인지체계는 확대된다(즉, 핵심적이 된다).

2

성분통어의 제거
Deriving C-command

2.1. 서론: 성분통어의 기원

성분통어는 UG에서 논의되는 핵심적인 통사적 관계 중에서도 가장 다양한 환경에서 유용하게 쓰이는 일반적 개념이라고 할 수 있다. 성분통어는 적어도 결속(binding)과 선형화(linearization), 그리고 이동이라는 세 가지 영역에서 중요한 역할을 한다.

먼저 결속조건의 세 원리가 모두 성분통어에 토대를 두고 있는데 이는 세 원리에 공통적으로 작용하는 결속자(binder)가 '의존구(dependent phrase)와 동지표되어 있으면서 그것을 성분통어하는 표현'이라고 정의되기 때문이다. 또한 어순대응공리(Linear Correspondence Axiom)와 관련된 거의 모든 제안들이 비대칭적 성분통어의 관점에서 다음과 같은 정의를 제공하고 있다 $-$ α는 β를 비대칭적으로 성분통어할 경우에만 β를 선행할 수 있다. 마지막으로 이동에서도 성분통어가 중요한 역할을 담당하는데 공범주원리(ECP)에 토대를 둔 설명들은 신행사지배를 정의할 때 결속을 기반으로 하기 때문에 성분통어와 결국 관련이 되고 연쇄의 개념도 성분통어에 토대를 두며, 또한 이동이나 연쇄의 적격성조건으로서 사용되는 최소성조건(minimality condition) 또한 성분통어를 중점적으로 도입하여 설명한다.

이처럼 성분통어는 문법의 여러 영역에서 사용되는데 이 장의 목적은 이러한 성분통어와 관련된 현상들을 문법조직의 보다 근본적인 원리들에서 도출해 내는 것이다. 이전에도 유사한 시도들이 있었지만(Chametzky 1996, Epstein 1999, Chomsky 2000) 이들이 공통적으로 추구하는 목적은 성분통어를 문법의 독립적인 근본원리에서 도출시키는 것이 아니라 성분통어가 문법에 있어 가장 자연스러운 관계중 하나임을 보이는 것이었다고 할 수 있다. 이러한 시도도 가치 있는 것이지만 이 장의 목적과는 차이가 나는데 이 시도가 보다 근본적인 원리에서 성분통어를 도출하고자 하는 시도에 미치지 못하였다는 점에서 부족한 점이 있다고 Hornstein은 주장한다.

Hornstein이 성분통어와 관련하여 해결하려는 문제는 다음과 같다. UG의 원리나 작용들이 어떤 성질을 지니고 있기에 문법작용들이 문법적 의존성을 나타낼 때에 성분통어를 이처럼 규칙적으로 이용하게 되는 것인가? 이 질문은 최근의 최소주의 연구 동향에 비추어 볼 때 아주 적절한 질문으로 보인다. 더 자세히 말하자면 학자들이 최근에 주로 하는 가정들을 토대로 보면 성분통어는 병합을 기반으로 하는 문법에서는 필연적으로 따라오는 부산물로 여겨진다. 사실, 알고 보면 이는 UG가 어떤 특정한 방식으로 구조화되면 자연스럽게 나오는 결과이다. 여기서 우리가 해야 할 일이 바로 이 "어떤 특정한 방식"이 무엇인지 찾아내는 일이라고 Hornstein은 보고 있는 것이다.[39]

---

[39] 주의할 것은 이 장의 논의가 결속이론, 선형화, 최소성과 관련된 논의에서 성분통어가 지니는 역할에 대한 표준적인 견해들이 근본적으로 옳다는 것을 전제로 하고 진행된다는 점이다.

2.2. 결속(Binding)

2.2.1. 전형적인 사례: 단일뿌리를 지닌 하위구조들

결속이론에서는 성분통어가 중요한 요소로 작용하는데 특히 결속과 관련하여 상호작용하는 명사구들이 성분통어관계를 이룬다는 것이 독립적인 원리에서 도출될 수 있는가가 주된 관건이 된다.

먼저 대용어들부터 살펴보면, 결속원리 A는 대용어가 선행사에 의해 국부적으로 성분통어되고 동시에 동지표될 것을 요구한다. 최근 몇몇 학자들이 대용어를 외현적 논항이동의 잔여성분으로 보면 결속원리에 관련되는 국부성이 자연스럽게 설명된다는 주장을 한 바가 있다. 이 주장을 채택한다면 다음 문장들의 문법성과 비문법성에 대한 설명이 한결 쉬워진다.

(1) a. John believes himself to be tall.
    b. *John believes himself is tall.
    c. *John would prefer for Mary to like himself.

(2) a. John was believed t to be tall.
    b. *John was believed t is tall.
    c. *John would be preferred for it to be seen t.
       (=John would be preferred to be seen)[40]

보다 자세히 말하자면 이런 가설 하에서는 대용어가 차지하는 위치와 논

---

[40] Hornstein은 대용어와 흔적을 이동을 통해 동일하게 설명하려고 시도하는데 이 경우 이동을 통해 남는 복사가 어떻게 (1a)에서는 대용어로서 인식되어 -self형으로 발음되고 (2a)같은 경우에는 음성적으로 삭제되는가가 중요한 문제이지만 그에 대해 구체적인 답을 제시하지 않고 있는 듯하다.

항이동의 흔적이 차지하는 위치 사이에 동질성이 존재한다. 따라서 (1)에 나온 예문들의 문법성을 (2)에 나온 예문들의 문법성에 비추어 설명하는 것이 가능하게 된다.

이동과 대용어의 분포 사이에 존재하는 긴밀한 유사성은 Chomsky(1981)에서 명확하게 인식되었는데 Chomsky는 명사구의 흔적(=논항흔적)과 대용어가 동일하게 결속원리 A를 지킨다는 주장을 하고 있다. 이러한 생각은 최근의 최소주의 이론에도 이어지는데 다만 설명의 방식은 이전과 반대방향으로 진행된다. 즉, 이전에는 이동을 결속이론에 의존하여 설명했지만 지금은 대용어에 대한 결속요건이 이동 작용을 토대로 설명되고 있다. 이러한 방향의 전환은 왜 일어난 것인가?

먼저 최소주의로의 발전과정에서 흔적에 대한 이론적인 시각이 바뀌었다는 것을 한 이유로 들 수 있다. GB 시기에는 흔적이나 공대명사가 일반 어휘들과 다르다는 생각이 주류를 이루었지만 최소주의에서는 흔적이라는 이론 내적인 개념을 제거하고 대신에 복사이론을 도입함으로써 흔적과 일반어휘를 동일한 기준으로 다루게 된다. 이렇게 흔적이 이론에서 사라지고 흔적이나 그와 유사한 개념들을 독립적으로 설명하는 인가조건이 사라진다면 흔적에 대한 결속이론을 토대로 이동에 대한 성분통어조건을 설명하고자 했던 GB식의 시도를 재고할 필요가 생긴다.

두 번째 이유로는 기술적인 문제를 들 수가 있다. Chomsky(1981)에서는 흔적을 논항흔적과 비논항흔적의 두 종류로 나누고 이 중 논항흔적만을 결속원리 A를 통해 설명하는데 실상은 의문사이동과 같은 비논항이동에서도 논항이동에서와 마찬가지로 반드시 이동의 출발점을 성분통어하는 지점으로만 이동이 일어난다. 따라서 결속이론에 근거한 설명은 왜 논항이동과 비논항이동이 성분통어와 관련해서 동일한 행동을 보이는지 설명하지 못한다는 단점을 지닌다.

세 번째로는 최소주의 프로그램에서 D-구조가 제거되고 일반화 변형(Generalized Transformation)이 도입되면서 왜 항상 출발위치를 성분통어하는 자리로만 외현적 이동이 가능한가에 대한 새로운 설명이 가능해졌다. Chomsky(1993)는 구의 구축이 항상 구조를 확대시킨다는 확대 조건(Extension Condition)을 제안하는데 이 조건을 따르게 되면 문법적 운용이 구의 가장 윗부분에서만 일어나게 되는 효과가 생긴다. 다음의 구조를 보자.

(3) a. [$_α$...X...] [$_β$...Y...] → [$_β$ [$_α$...X...] [$_β$...Y...]]
 b. [$_α$...X...] → [$_α$ X [$_α$...X...]]

(3a)는 두 구를 병합시켜서 보다 큰 세 번째 구를 만들어내는 과정을 나타내고 (3b)는 이미 만들어진 구의 내부에서 한 요소가 가장자리로 이동해 나오는 과정을 나타내고 있는데 이 두 과정에서 모두, 결과구조가 이전의 구들을 적격한 하위요소로 취하기 때문에 결국 구조가 확대되게 된다. 확대조건은 Chomsky(1993)가 잘 지적하고 있듯이, 처리되는 언어단위의 최상위부분에 문법적 운용을 한정시키고 구조구축운용에 단일성요구를 부과한다는 점에서 아주 자연스러운 조건이라고 할 수 있다. 또한 이렇게 함으로써 주기(cycle)의 개념이 자연스럽게 설명된다는 장점이 있다.

이동과 관련된 현재의 논의에 있어 중요한 것은 위 (3b)의 경우인데 이 구조에서 αP 내부의 X가 이동해 나와서 최상위 자리인 뿌리(root)에서 αP와 병합이 되면 X는 출발지점을 성분통어할 수밖에 없다. 따라서 이동한 표현은 그 출발점을 성분통어해야 한다는 요구가 확대조건에서 자연스럽게 도출됨을 알 수 있다. 이는 단순히 논항이동 뿐만 아니라 비논항이동의 경우에도 마찬가지로 적용되므로 이들에 대한 통합적인 설명을 할 수 있다는 점에서 바람직하다. 또한 대용어가 선행사와 이동을 통해 연결된다고 가정하면 왜 대용어가 선행사에 의해 성분통어되는가도 자연스럽게 설명된다.

그럼 다른 결속원리들과 성분통어와의 관계는 어떻게 설명되는가? 먼저 결속원리 B를 살펴보면 두 가지 가능한 해결안이 제시된 바 있다. Kayne (2002)은 결속대명사가 중복된 접어와 유사하다는 가정을 하고, 대명사결속이 대용어결속의 경우와 마찬가지로 외현적 이동을 통해 이루어진다고 주장한다. 그렇다면 이동이 확대조건을 준수한다는 가정 하에서 대명사 결속이 왜 성분통어 하에서 이루어져야 하는지를 설명할 수 있게 된다.

두 번째 해결안은 Hornstein(2001)에서 제시된 바 있는데, Hornstein은 이동이 이루어질 수 없는 경우에만 대명사 결속이 발생한다고 가정한다. 이러한 해결방식에 관여하는 게 대명사화이다. 이는 DP가 대명사로 대치되어 구조의 다른 지점에서 (재)병합되는 과정을 뜻한다. 이 가정 하에서는 대명사화가 외현통사부에서 구조를 구축하는 과정의 일부가 되고 따라서 확대조건의 적용을 받게 된다. 그렇다면 결속대명사가 단일뿌리구조에서 선행사에 의해 성분통어되는 것이 자연스럽게 도출이 될 것이다. 결국 (i) 병합(이동이나 대명사화의 일부인)이 선행사와 의존구의 관계를 성립시키는데 관여하고 (ii) 병합은 확대조건을 지키기 때문에 필연적으로 결속대용어와 결속대명사는 성분통어관계를 준수할 수밖에 없게 된다고 볼 수 있다.

그럼 결속원리 C는 어떻게 설명할 수 있는가? 일단 주목할 것은 결속원리 C와 관련된 환경에서 대명사와 명사구를 뒤집으면 결속원리 A와 B에서의 적정한 인가환경이 발생한다는 점이다. Reinhart(1983)는 이 생각을 이용하여 결속원리 C를 설명한다. 즉 두 표현들의 관계를 뒤집었을 때 결속이 제대로 허락되지 않는 환경에서만 그 두 표현에 동일값을 부여하는 것이 가능하다는 것이다. 이 Reinhart의 주장을 받아들이고 병합이 대용어와 결속대명사의존관계에 관여한다는 제안을 결합하면 왜 성분통어가 결속원리 C에 작용하는가를 설명할 수 있다.

의무적 통제구문에 대해서도 동일한 설명이 가능하다. 의무적 통제구문에서 통제자는 PRO를 항상 성분통어하는데 Hornstein에서 제시된 바와 같이 OC PRO가 이동에 의해 생긴 논항흔적이라면 확대조건을 준수해야 하고 자연히 성분통어가 왜 성립되는지를 설명할 수 있게 된다.

2.2.2. 수평이동(Sidewards Movement)

지금까지의 논의는 단일뿌리구조의 하위요소들 사이에서 이동이 발생하는 경우만을 다루었는데 수평이동이 존재한다면 이 경우에도 결속이 성분통어가 성립하는 경우에만 가능한가 하는 질문을 고려해야 한다.

경험적으로 보면 성분통어는 수평이동의 경우에도 일반적으로 성립하는 것처럼 보인다. Nunes(1995)는 기생공백(parasitic gap, PG) 구문에 대해 수평이동분석을 제안하는데 이 구문에서는 아래 (4)에서 보듯이, 한 표현이 부가절에서 의미역 위치로 이동을 한 후 다시 CP로 이동해 가게 된다.

(4) $[_{CP}WH...[_{TP}...[_{vP}...[_{vP}...t...][_{adjunct}...t...]]]$

여기서 마지막 도착지점인 CP 자리는 부가절 내의 흔적 자리와 위 vP 내의 흔적자리를 모두 성분통어한다. 따라서 만일 기생공백 구문이 외현적 비논항 수평이동을 통해서 생성된다면 결국 이 비논항 위치에 있는 요소가 이전의 출발점 자리들을 성분통어하게 된다고 볼 수 있다.

수평이동의 또 다른 예는 부가절 통제와 관련된 다음과 같은 예이다.

(5) John saw Mary before/without/after PRO leaving the kitchen.

이 문장에서 수평이동이 일어난다면 아래와 같은 구조를 가지게 될 것이다.

(6) [$_{TP}$ John T^0 [$_{vP}$ [$_{vP}$ John [$_{VP}$ saw Mary][$_{adjunct}$ without John leaving the kitchen]]]

부가절이 TP 아래쪽에 부가되어 있다고 가정하면 TP 지정어 자리의 *John*이 나머지 두 자리에 있는 흔적들을 성분통어한다고 할 수 있다. 여기서 성분통어가 성립되기 위해 필요한 3가지 가정을 들 수 있는데 첫째는 DP가 격(과/또는 의문자질)을 점검해야 한다는 것, 둘째는 절이 [$_{CP}$ [$_{TP}$ [$_{vP}$]]]의 구조를 지닌다는 것, 그리고 셋째로 (이동을 포함하는) 병합이 확대조건을 지킨다는 것이다. 이 세 가정을 기반으로 할 때 위 구문에서 성분통어가 성립된다.

그러나 앞의 경우들과는 달리 수평이동이 성분통어와 관련이 없는 것으로 보이는 경우들이 있는데 그 예가 우측으로의 수평이동이 일어나는 (7)과 같은 구문이다. (7)의 구체적인 예로 (8)이 제시되어 있다.

(7) [$_{TP}$ [$_{TP}$ PRO/reflexive$_1$...][$_{VP}$ V DP$_1$]]

(8) PRO/himself having to take a long shower made everyone late for class.

이 구문에서는 DP$_1$이 동명사절의 주어 위치에서 수평이동을 하여 동사 (V)와 병합하게 된다. 구체적으로 도출과정을 살펴보면 (9)에 제시되듯이 먼저 주어역할을 할 동명사절을 만들고 동사를 선택해서 동명사절의 주어자리에 있는 DP를 복사한 후 이를 동사와 병합시킨다. 그리고 이렇게 생긴 동사구를 동명사절과 병합시키면 (8)의 문장이 생성된다.

(9)   a. [DP...] V
      b. [DP...] [V DP]
      c. [[DP...] [V DP]]

이렇게 문장이 도출되면 동명사절의 주어자리에 있는 PRO나 재귀사는 그 선행사에 의해 성분통어되지 않음을 알 수 있다. 만일 이러한 도출이 적정하다면 결국 이는 결속이나 통제에 있어 성분통어가 필수조건이 아니라는 결론에 도달하게 된다.
  요약하면 성분통어가 성립하는 경우마다, 어떻게 구가 구성되는가에 관한 기본적이고 자연스러운 가정들(예를 들어 확대조건과 같은 가정)과 명사구간의 의존관계를 특정한 문법적 방식으로 표시(병합과 이동을 통해)함으로써 도출해낼 수 있다. 이동이 관련된 경우에는 두 가지 유형이 존재하는데 먼저 단일뿌리구조에서는 확대조건만 가지고 의존구와 선행구 사이의 성분통어요구를 도출할 수 있다. 수평이동을 포함하기 때문에 단일뿌리구조가 아니라 두개의 하위구조를 지니는 두 번째 유형에서는 확대조건뿐만이 아니라 두 가지 다른 가정 – 절이 CP-TP-VP 구조를 지닌다는 가정과 이동이 비해석자질을 점검할 필요에 의해 일어난다는 가정 – 을 토대로 성분통어요구를 도출시킨다. 또한 결속과 통제에서 성분통어 없이도 적정한 결과가 나오는 경우들을 보면 성분통어를 UG의 기본원리에서 도출하는 것이 더 바람직하다는 것을 또한 확인할 수 있다.

2.3. 선형화(Linearization)

구는 위계관계를 통해 조직화된 대상인데 이와 같은 구들에 순서를 부여하는 것은 어순대응공리(LCA)나 그와 유사한 다른 원리들이 담당해 왔다. 어순대응공리는 어떤 구의 최종요소들을 좌에서 우로 순서지우는 기제인데 이때 어순결정에 있어 중추적인 역할을 담당하는 개념이 바로 비대칭적인 성분통어이다.

(10) 어순대응공리(LCA): α가 β를 비대칭적으로 성분통어하면 α를 β에 선행하도록 하라.

α와 β는 여기서 최종요소들을 나타내는데 이 (10)을 (11)에 제시된 문장의 어순결정에 적용해 보면 아래 (12)와 같은 결과를 얻는다.

(11) [John [likes her]]

(12) John>likes>her (">" = 선행한다)

(10)의 어순대응공리의 문제점으로 지적된 것은 동사구내의 요소들인 동사와 목적어 DP같은 경우 비대칭성분통어관계가 성립하지 않기 때문에 이들을 순서지울 방법이 필요하다는 것이다. 이를 해결하는 방법은 이들 동사구내 요소들의 일부나 전부가 동사구를 벗어나는 구조를 찾아내거나 설정하여 어순결정에 사용하는 것이다. (13)이 그 한 예인데 이러한 구조에서는 처음에 동사와 목적어가 같이 VP 내에 있다가 동사가 v의 자질을 점검하기 위해 VP 밖으로 나가게 되므로 결국 동사가 목적어를 선행하게 됨을 알 수 있다.

(13) [TP John [T' [vP <John> [v' likes+v [VP<likes>her]]]]]

그런데 자세히 이 선형화 과정을 살펴보면 어순결정에 있어 중요한 것은 사실 **성분통어** 부분이 아니라 **비대칭적**이라고 기술된 부분임을 알 수 있다. 따라서 문법의 다른 부분에서 비대칭적 관계를 찾아낸다면 성분통어에 의존하지 않고 선형화를 할 수 있을 것이다. Hornstein은 그 가능성을 병합에서 찾고 있다. 그는 병합이 비대칭적이라는 가정을 채택하고 이에 의거하여 어순대응공리를 다음과 같이 새롭게 정의한다.

(14) 어순대응공리(LCA): α가 β에 병합되면 α를 β에 선행하게 하라.

새 어순대응공리는 두 가지 점에서 기존의 가정들과 차이가 난다. 첫째는 병합을 이전과 달리 비대칭적인 운용이라고 보는 점이고 둘째는 최종요소가 아닌 것들도 어순결정과정에 참여한다고 보는 것이다. 이 새 어순대응공리가 앞서 (11)의 어순 결정에 어떻게 적용될 수 있는지 살펴보자.

(15) a. *her*를 *likes*에 병합하라: [her likes]
　　 b. *v*를 [her likes]에 병합하라: [v [her likes]]
　　 c. *likes*를 복사하여 *v*에 병합시켜라: [likes+v [her likes]]
　　 d. *John*을 *[likes+v[her likes]]*에 병합시켜라:
　　　　 [John [likes+v[her likes]]]
　　 e. T^0를 *[John[likes+v[her likes]]]*에 병합시켜라:
　　　　 [T^0 [John[likes+v[her likes]]]]
　　 f. *John*을 복사하여 TP에 병합시켜라:
　　　　 [John[T^0[John[likes+v[likes her]]]]]

이런 과정을 통해서 우리가 얻게 되는 어순은 아래 (16)과 같다.

(16) a. her likes
 b. *v*>[her>likes]
 c. likes>[*v*>[her>likes]]
 d. John>[likes>[*v*>[her>likes]]]
 e. T⁰>[John>[likes[>[*v*>[her>likes]]]]
 f. [John>[T⁰>[*John*>[likes>[*v*>[her>*likes*]]]]]

마지막 (16f)에서 이탤릭체로 표기된 것들이 지워지고 나서 최종적으로 얻는 어순은 John>likes>her가 될 것이다. 이처럼 비대칭적인 병합을 가정하면 올바른 어순을 도출하는 것이 가능하다.

비록 비대칭적인 병합을 토대로 어순을 도출하는 것이 가능하다고 하더라도 실제로 그렇게 하는 것이 합리적인가 아닌가 하는 것은 또 다른 문제이다. Hornstein은 병합을 다른 모든 문법적 운용과 마찬가지로 최후수단으로 보고, 병합이 일어나는 것은 병합되는 요소들 중 어느 한쪽의 필요가 충족되어야 하기 때문이라고 주장한다. 예를 들어 동사와 그 보충어가 병합될 때에는 동사의 의미역자질이 점검된다고 할 수 있다. 이처럼 α가 β의 자질을 점검할 때에만 α가 β에 병합될 수 있다고 보면 병합의 비대칭성을 뒷받침할 만한 이론적 근거를 제공할 수 있을 것이다.

그렇다면 기능범주들은 이 요건을 어떻게 만족시킬 것인가? *v*가 V의 자질을 점검하는가 그 반대인가? 또한 T가 *v*P의 자질을 점검하는가, 그 반대인가? Hornstein은 접사인 T가 동사에 붙을 이유도 있고 어간인 동사가 T를 필요로 하기도 하므로 이 경우 어느 방향이든 자연언어가 선택하는 것이 가능하고 이것이 통언어적인 차이를 유발하게 된다고 주장한다. 즉 이러한 선택성 때문에 어순의 차이를 유발하는 핵-매개변인(head parameter)이 발생한다는 것이다. 영어의 타동사 구문의 경우, 처음 목적어 DP가 동사에 병합될 때에는 목적어가 동사의 의미역자질을 점검하는 것이 목적이므로 목적어가 동사를 선행해야 하는 것으로 생각할 수 있지만 동사가 v의 자질을 점검하기 위해 상승하고 아래쪽 복사가 삭제되면 결국 동사가 목적어를 선행하는 어순이 나온다는 설명이 가능하다. vP의 지정어 자리에 나타나는 주어 DP도 마찬가지로 본래는 T를 뒤따라야 하나 T의 자질을 점검해주기 위해 TP의 지정어 자리로 이동을 겪고 아래쪽 복사를 지우면 주어가 T 자리를 선행하는 것을 설명할 수 있는 것이다.

이러한 설명을 위해 필요한 또 다른 가정은 'α가 β를 선행하면 α가 β의 모든 요소들을 다 선행한다'라는 것이다. 이 가정과 앞의 가정을 결합하면 병합(과 병합의 일종인 이동)의 진행경로를 추적하여 어순을 자연스럽게 결정할 수 있게 된다. 또한 이러한 설명방식이 제대로 작용한다는 가정 하에서 비대칭적인 성분통어가 선형화의 본질적 특징이 아니라 다른 원리의 영향으로 후천적으로 나타난 결과로 이해할 수 있게 된다. 다시 말하면, 비대칭적인 어순을 도출해 내기 위해서는 비대칭적인 축이 필요한데 병합을 대칭적인 개념으로 이해한다면 그 축으로 비대칭적인 성분통어를 선택하게 되는 것이고 성분통어를 제거하고자 한다면 병합을 비대칭적으로 이해해야 하는 것이다.

지금까지의 병합에 대한 논의가 맞다면 우리가 주목해야 할 사항이 두 가지가 있다. 첫째로, 어떤 도출이 적격해지기 위해서 선형화가 모든 표현들에 다 적용되어야 한다고 보면 끼워넣기(Tucking-in)는 허락될 수가 없다. 다음의 구조를 보자.

(17) [$_{X2}$ YP [$_{X1}$ X^0 [...ZP...]]]

(18) a. [$_{X3}$ YP [$_{X2}$ ZP [$_{X1}$ X^0[...ZP...]]]]
 b. [$_{X3}$ ZP [$_{X2}$ YP [$_{X1}$ X^0[...ZP...]]]]

(18a)는 (17)의 구조에 끼워넣기를 하여 생성된 구조이고 (18b)는 정상적인 병합을 거쳐 생성된 구조이다. (18a)의 문제는 ZP와 YP가 선형화될 수 없어서 도출이 적격해지지 못하게 된다는 것이다. ZP와 YP 모두 X1에 병합되었으므로 X1과 X1 내부의 다른 요소들은 선행하게 되지만 YP는 (18a)에서 ZP를 포함하는 X2와 무관하고 ZP는 YP를 포함하는 X3와 무관하므로 어느 쪽도 다른 쪽을 선행할 수가 없게 되고 따라서 도출이 파탄에 이르게 된다. 이와 반대로 (18b)에서는 ZP가 YP를 내포하는 X2에 병합되었으므로 ZP가 YP를 선행함을 보일 수 있다.

두 번째로 주목할 것은 (18b)는 확대조건을 지키지만 (18a)는 그렇지 못하다는 것이다. 여기서 비대칭적인 병합과 비대칭적인 성분통어는 상이한 예측을 하게 된다. (18a)에서 비대칭적인 병합가설에 따르면 YP와 ZP를 순서 지울 수 없지만 비대칭적인 성분통어를 토대로 보면 YP가 ZP를 선행한다고 볼 수 있기 때문이다. 결국 비대칭적인 병합을 가정하는 경우에는 선형화를 설명하기 위해 확대조건을 가정하게 되고 비대칭적인 성분통어를 이용해 선형화를 설명하는 경우에는 그럴 필요가 없게 된다고 Hornstein은 관찰하고 있다.[41]

---

[41] 이 경우, 확대조건이 필연적으로 요구되는가, 그렇지 않은가는 생각해 볼 필요가 있다. 왜냐 하면, 앞에 언급한 전면적 선형화 요건만 가지고도 끼워넣기를 막을 수 있기 때문이다.

2.4. 최소성과 성분통어(Minimality and C-command)

최소성 조건은 다음과 같이 정의되는데 여기서 핵심은 X^2가 X^3를 성분통어할 때만 이 조건이 적용된다는 것이다.

(19) Minimality: X^3와 동일한 X^2가 X^1과 X^3사이를 가로막고 있을 때 이동운용이 X^1과 X^3를 연계시킬 수 없다. (A movement operation cannot involve X^1 and X^3 over an X^2 which is identical to X):[3]

$$... X^1 ... X^2 ... X^3 ...$$

다음의 예들은 이러한 최소성 요건이 기술적으로 올바르다는 것을 잘 보여준다.

(20) a. John wondered who books about what impressed.
b. John wondered what whose mother said.

(21) a. *John wondered who what impressed.
b. *John wondered what who said.

위 (21)의 예들은 전형적인 우월성 효과(Superiority effects)를 보여주고 있는데 이 예들을 통해 목적어가 동일한 의문 자질을 지닌 주어를 넘어서 이동을 하면 비문이 된다는 것을 알 수 있다. 그러나 유사해 보이는 (20)의 예들에서는 동일한 종류의 우월성 효과가 관찰되지 않으며 그 이유는 의문사들이 이 문장들에서는 서로 성분통어를 하지 않고 있기 때문이다.
동일한 현상이 논항이동에서도 관찰되는데 아래 예들이 이 점을 보여준다.

(22) John seems to Mary to be tall.

(23) *Hestarnir virdast mer   vera   seinir
     the-horses seem me-Dative to-be slow

영어에서는 경험자가 중간에 있을 때에도 주어인상이 가능하지만 Icelandic에서는 허락되지 않는다. 그 이유는 영어의 경우 전치사 *to*가 있어서 경험자가 내포절의 주어를 성분통어하지 못하기 때문이고 반면에 Icelandic의 경우에는 경험자가 전치사 없이 나타나기 때문에 최소성 조건에 의해 내포절 주어의 인상을 가로막기 때문인 것으로 분석된다. 아래는 이 구조적 차이를 영어문장을 통해 드러낸 것이다.

(24) a. [T⁰ [seems[_PP to [**Mary**]][Bill to be tall]]]]
     b. [T⁰ [seems **Mary** [Bill to be tall]]]

아래와 같은 통제구문에도 동일한 설명이 적용된다. PRO가 이동을 통해 설명된다는 가정 하에서, (25a)에서는 PRO 자리를 성분통어하는 *Mary*의 존재 때문에 모문의 주어자리로의 이동이 허락되지 않으나 전치사가 성분통어를 가로막고 있는 (25b)에서는 허락이 된다.

(25) a. *John persuaded Mary PRO(=John) to wash himself.
     b. John vowed to Mary PRO(=John) to wash himself.

이러한 예들을 통해 우리는 최소성 조건이 기술적으로 올바르다고 결론을 내릴 수 있다. 이제 다음 과제는 왜 최소성이 성분통어 환경에서만 적용되는가를 설명하는 일이다. 이를 답하기 위해 우선 왜 최소성 조건이 존재하는가라는 보다 근본적인 문제부터 접근해 보자. 이는 Rizzi(1990)가 주장하듯이 문법은 거리가 먼 의존관계보다는 가까운 의존관계를 근본적으로 선호하기 때문이라고 생각할 수 있다. 즉, 최소성이 존재하는 이유는 문법에서 요소들 간의 관계가 가능한 한 가까워야 한다는 자연스러운 요구가 있기 때문이다.

그 다음 단계로 우리는 문법이 어떻게 거리를 평가하는가를 살펴보아야 한다. 이에 대한 한 가지 자연스러운 답은 거리를 잴 때 관련된 표현들 사이에 존재하는 접점(node)들을 이용한다는 것이다. 즉, 이동의 경로(path)를 점검하여 거리를 산정한다는 것인데 예를 들어 아래 (26)에서 C를 목표로 하는 *what*의 경로는 {VP, *v*P, TP, CP}와 같이 이동의 출발점과 기착점을 지배하는 최대투사범주들의 집합이 될 것이다.

(26) [$_{CP}$ what C^0 [$_{TP}$ John T^0 [$_{v\text{P}}$ *v* [$_{VP}$ buy what]]]]

이를 최소성과 연결시키면 '경로의 길이는 최소화되어야 한다'라는 원리를 만들어낼 수 있다.

이처럼 문법이 문법적 요구에 대해 최단거리에 토대를 둔 해결안을 제시한다는 것을 사실로 받아들인다면 다음에 해야 할 질문은 문법에서 어떤 방식으로 경로들을 비교할 수 있는가 하는 것이다. Hornstein은 이 질문에 대해 가장 분명해 보이는 답이 사실은 잘못된 답이라는 주장을 편다. 즉, 가장 먼저 떠오르는 답으로서 '어떤 경로의 길이는 그 경로에 포함된 요소들을 산정해서 결정되고 이 때 요소의 숫자가 적은 것이 가장 가까운 경로이다'라는 것은 옳지 않다는 것이다. 예를 들어 아래 구조에서 *who*가 C^{0}까지 가는 경로는 {TP, CP}를 포함하고 *what*이 동일지점까지 가는 경로는 {VP, *v*P, TP,

CP}까지를 포함하므로 앞의 경로가 뒤의 경로보다 더 짧다고 생각할 수 있다.

(27) [C⁰ [TP Who₁ T⁰ [ᵥP t₁ [VP buy what]]]]

이러한 접근법이 얼핏 생각하기에는 합리적으로 보이지만 사실상 이에는 큰 문제가 숨어 있다. 즉 이 접근법은 문법은 수를 계산하지 않는다는 것을 간과하고 있다는 점이다.

문법이 셈을 하지 않는다는 것을 받아들인다면 어떤 방식으로 경로의 길이를 비교할 것인가가 더 어려운 문제로 대두된다. 이에 대한 가능한 대안은 Boolean식 계량화를 이용하는 것이다. 이는 집합의 크기를 비교하여 한 쪽이 다른 쪽의 진부분집합(proper subset)이면 상대적으로 더 작은 집합이 경로가 짧다고 결론을 내리는 방식이다. 위의 경우, *who*의 경로의 집합은 {TP, CP}이고 *what*의 경로의 집합은 {VP, *v*P, TP, CP}이므로 전자가 후자의 진부분집합이고 따라서 경로가 더 짧다고 결론을 내릴 수 있다. 중요한 것은 이 방식에는 숫자를 세는 행위가 포함되지 않는다는 점이다. 이 방식을 채택함으로써 우리는 최소성이 성분통어의 영향을 받는다는 것을 다른 원리에서 도출할 수 있게 된다.

성분통어와 경로의 길이의 관계를 더 잘 이해하기 위해 또 다른 경우를 살펴보겠다.

(28) a. (John wondered) [CP C⁰[TP [DP books about what]₁ T⁰ [ᵥP t₁ [VP impressed who]]
b. [CP C⁰[TP [DP ...Wh2] T⁰ [ᵥP t₁ [VP V Wh1]]]]

이 구조에서 *Wh1*과 *Wh2*의 경로를 비교하면 각각 {VP, *v*P, TP, CP}과 {DP, TP, CP}가 된다. 이 경로의 집합을 보면 어느 한쪽이 다른 쪽의 진부분집합이 아니므로 경로의 길이를 비교할 수가 없고 따라서 최소성의 원리가 작용하지 않게 되므로 결과되는 문장인 *John wondered who books about what impressed*가 가능해지는 것이다. 그러나 숫자를 세어서 집합을 비교한다면 *Wh2*가 더 짧은 경로가 되어 *Wh1*의 이동을 막게 되어 위 문장의 문법성을 설명하기가 어려워질 것이다. 따라서 (28)과 같은 구조는 숫자에 의존하지 않고 Boolean식 계량화를 이용하는 것이 더 바람직함을 보이는 증거라 할 수 있다.

여기서 Boolean식 계량화를 통해 비교되는 대상은 서로 성분통어를 해야만 거리를 비교할 수 있다는 점에 주목할 필요가 있다. 성분통어 관계가 없는 두 요소들을 가지고 경로를 비교하면 진부분집합이 발생하지 않아 비교가 불가능하기 때문이다. 이 설명방식에 의하면 결국 성분통어나 최소성이 근본적인 개념들이 아니고 최소거리 의존관계(shortest dependency)가 보다 본질적인 개념임을 알 수 있다.

2.5. 경로에 대한 추가 논의

이 절에서는 경로에 대한 논의를 보다 심도 있게 진행시키고 그것이 문법에 어떤 영향을 주는가를 살펴보고자 하는데 우선 지금까지 논의된 바에 따르면 경로를 다음과 같이 정의해 볼 수 있다.

   (29) 경로(Path): 경로는 목표나 출발점을 지배하는 최대투사범주의 집합이다. (A path is the set of maximal projections (XPs) that dominate the target or the launch site.)

2.5.1. A-over-A 조건

(29)를 가정하면 최소화를 이용하여 A-over-A(A/A) 조건을 흡수할 수 있게 되는데 이를 보이기 위해 아래에 A/A 구조의 예를 하나 제시해 보겠다.

(30) [$_{TargetP}$...Target$_{B\text{-feature}}$...[$_{BP1}$ ... B1^0... BP^2 ...] ...]

이 구조에서 *BP1*과 *BP2*는 각각 목표(Target)의 B자질을 점검할 수 있는 B자질을 지니고 있는데 둘의 경로를 비교하면 *P(BP1)*은 {TargetP}인 반면에 *P(BP2)*는 구성요소가 하나 더 많아서 {TargetP, BP1}이므로 전자가 후자의 진부분집합이 된다. 따라서 최소성에 의거하여 보다 큰 단위인 BP1의 이동이 선호되게 된다. 일본어의 뒤섞기 이동에서 목적어가 이동해 나간 뒤 그 목적어의 흔적을 포함한 절이 목적어 앞으로 이동해 나간 경우가 비문법적인 이유도 A/A로 설명할 수 있을 것이다.[42]

(31) a. [$_{obj}$ Hanako-o][$_{CP}$ Taro-ga t$_{obj}$ nagutta to] John-ga Mary-ni t$_{CP}$ itta
           Hanako-acc   Taro-nom   hit C^0 John-nom Mary-dat said
   b. *[$_{CP}$ Taro-ga t$_{obj}$ nagutta to][$_{obj}$ Hanako-o] John-ga Mary-ni t$_{CP}$ itta
       Taro-nom   hit   C^0 Hanako-acc John-nom Mary-dat said
     'That Taro hit Hanako, John said to Mary'

또한 영어의 다중의문사 이동구문에도 동일한 설명을 적용할 수 있다.

---

42) 이 설명이 성립하려면 뒤섞기 이동이 자질을 점검하기 위한 이동이고 상위의 자질을 점검할 자질을 CP와 DP가 둘 다 가지고 있는데 CP가 목표에 이르는 경로가 DP가 목표에 이르는 경로보다 짧기 때문에 DP가 이동해 나갈 수 없다고 가정해야 한다. 물론 CP가 그러한 자질이 없다면 DP만의 이동을 막을 수 없을 것이다.

(32) a. ?Which person₁ did you ask me [[how many pictures of t₁]₂ Bill took t₂]

b. *[How many pictures of t₁]₂ did you ask me [which person]₁ [Bill took t₂(=(how many pictures of t₁))]

(32a)가 문법성이 약간 불완전하긴 하나 (32b)와는 비교가 안 될 정도로 좋다. 그 이유는 (32b)가 A/A를 어기기 때문이다.

2.5.2. 최소성조건의 예외 - 특수한 최소영역들

같은 영역에 있는 표현들은 서로를 간섭하지 않는다는 것, 즉 최소성 조건과 아무런 관련이 없다는 것은 잘 알려져 있으나 이론적으로 이는 설명을 필요로 하는 부분이다. Chomsky(1995a)같은 경우에도 동일한 최소영역에 속한 이동표현들은 어떤 목표로부터든 등거리로 인식되고 또한 동일한 최소영역에 속한 목표들은 어떤 이동자로부터도 등거리에 있다고 가정하고 있다. 특히 동일투사범주 내에 있는 다중지정어들은 등거리에 위치하는 것으로 인식된다. 도대체 왜 동일한 최소영역에 있는 요소들은 최소성 요구를 만족시키지 않아도 되는 것인가? 다중지정어의 경우에 비록 그들이 동일 최소영역 내에 있다고 하더라도 두 요소들이 비대칭적인 성분통어 관계에 있는 것이 분명한데 이 관계를 무시하는 것은 자의적인 규정화(stipulation)인 것으로 보인다.

그러나 Hornstein의 관점은 이 현상을 예외적인 경우로 다루지 않고 자연스럽게 설명할 방법을 제공해 준다. 아래의 구조를 보자.

(33) [TP T ... [BP XP[B' YP [B ...]]]]

이 구조에서 XP와 YP의 경로는 똑같이 {TP, BP}이므로 당연히 등거리에 위치할 수밖에 없는 것이다.

결국 최소영역이라는 점은 똑같은데 일부 최소영역은 예외적으로 최소성 요건의 적용을 안 받는 이유를 설명해야 하는 이론적 부담은 무엇을 기반으로 이론을 구성하는지에 따라 달라진다. 성분통어를 기반으로 할 때에만 그런 문제가 생기므로, 우리가 만일 성분통어를 버리고 최소 경로를 기반으로 이론을 구성한다면, 그런 부담은 처음부터 질 필요가 없어진다.

2.5.3. 끼워넣기와 문법적 거리(Tucking-in and grammatical distance)

Richards(2001)와 Chomsky(2001)는 끼워넣기가 바깥쪽에 병합되는 이동보다 거리상 더 가깝다는 주장을 한다. 그러나 이는 성분통어를 기반으로 하는 경우에만 그러하고 Hornstein과 같이 경로를 기반으로 하는 경우에는 둘은 서로 등거리로 인식이 된다. 아래 (34)에서 XP가 α로 이동하는 것과 β로 이동하는 것은 경로가 같기 때문에 등거리가 되는 것이다.

(34) [$_{TP}$ α ZP β T ... [$_{BP}$ XP [B ...]]]]

달리 말하면 XP가 TP의 바깥쪽 가장자리로 이동을 하든지 아니면 T의 바로 옆으로 끼워넣기 이동(Tucking-in)을 하든지 경로의 관점에서 보면 차이가 없다는 결론에 도달한다. 따라서 끼워넣기 이동이 더 짧은 이동이기 때문에 더 경제적이라는 논거는 더 이상 작용하지 않는다.

Hornstein 식의 분석에서 끼워넣기 이동을 지지하기 위해 경로의 정의를 수정하는 것이 가능하긴 하다. 즉 경로를 정의할 때 최대투사범주만 고려하지 않고 모든 범주를 포함하여 고려하면, 끼워넣기 이동이 바깥쪽으로 병합되는 이동보다 더 짧은 이동이라는 주장에 실체를 부여할 수 있다. 아래를 보자.

(35) [$_{TP}$ α   ZP [$_{T'}$ β   T ... [$_{BP}$ XP [B ...]]]]

이 (35)의 구조에서 모든 범주를 고려하면 α에 병합되는 이동의 경우에 T'도 경로의 집합에 포함되게 되므로 β로 끼워넣기 이동을 하는 집합이 그 경로의 진부분집합이 되게 된다.

그러나 이러한 시도에는 부작용도 뒤따른다. 그것은 바로 거리를 산정할 때 우리가 이접적인 정의를 채택하게 된다는 것이다. 끼워넣기 이동은 목표의 관점에서 경로를 판단하는 것이고 이 경우 최대투사범주가 아닌 범주들을 고려하는 것이 위와 같은 효과를 낳지만 이동하는 요소의 관점에서 볼 때는 최대투사범주가 아닌 것들을 고려해서는 안 될 이유가 있다. 아래를 보자.

(36) [$_{TP}$ T ... [$_{BP}$ XP [$_{B'}$ YP [B ...]]]]

이전에는 XP와 YP가 경로상으로 보아 등거리로 간주되었지만 최대투사범주가 아닌 B'까지 포함이 되면 XP가 YP의 이동을 막게 되는 결과를 낳는다. 이를 피하기 위해서는 목표와 이동요소를 구분하여 각기 다른 경로의 정의를 내릴 수밖에 없는데 이것은 당연히 바람직하지 못할 것이다.

끼워넣기 이동을 주장하는 경우에 논의되는 경제성이나 단거리의 개념을 제대로 표현할 이론적 기제가 없다는 것이 일견 문제로 생각될 수 있으나 자세히 보면 반드시 그런 것은 아니다. 이미 선형화의 관점에서 볼 때 끼워넣기 이동이 문제가 있는 운용임이 드러났기 때문에 끼워넣기 이동을 이론이 제대로 기술하지 못한다는 것은 어쩌면 바람직한 결과일지도 모른다.

오히려 우리는 (29)의 경로의 정의를 그대로 유지하여 거리를 산정할 때 최대투사범주만을 고려하고 이 정의로 나타낼 수 없는 운용은 자체의 부적합성 때문에 나타낼 수 없다고 보는 입장을 취할 수 있다. 이는 많은 학자들이 공유해 온 직관, XP나 X는 문법적 운용의 대상이나 X'는 그렇지 못하다는 직관과도 또한 연결되므로 X'를 고려하지 않는 정의를 지키고 X'를 고려해야만 설명할 수 있는 끼워넣기 운용을 거부하는 것이 올바른 선택으로 보인다.

2.5.4. 표지와 최대투사통어(Labels and m-command)

Hornstein의 경로기반 해석에서는 구에 표지가 주어지는 것이 필요한데 이는 경로를 산정할 때 목표와 이동요소를 지배하는 최대투사범주를 찾아야 하기 때문이다. 따라서 그의 경로기반 분석과 Collins(2002) 식의 표지를 사용하지 않는 접근법은 근본적으로 양립하기 어려운 것으로 보인다.[43] 이것이 큰 문제라고 볼 필요는 없다. 왜냐하면 이는 국부성과 구 구조에 대해 존재해 온 두 가지 다른 입장들에 토대를 둔 차이로 보이기 때문이다.

최소주의 이론이 발전해 오는 과정에서 '지배'와 '성분통어'에 대한 두 가지 입장이 있었는데 하나는 기하학적인 개념으로 통어를 정의한 성분통어(c-command)였고 다른 하나는 '어떤 핵의 투사로서 조직화된 구'의 개념에 토대를 둔 최대투사통어(m-command)였다. 아래에 둘의 정의를 대비하여 제공한다.

(37) α c-commands β iff the first branching category that dominates α dominates β. α governs β iff α c-commands β and β c-commands α.

---

43) Collins(2002)는 성분통어를 근본적인 원리로 보고 이를 기반으로 표지 없이 탐침-목표어(probe-goal) 관계를 재분석한다.

(38) α m-commands β iff every XP that dominates α dominates β.
α governs β iff α m-commands β and β m-commands α.

Collins의 분석은 성분통어에 토대를 두고 있고 Hornstein의 분석은 최대투사통어에 연결되어 있다. 전자는 보다 세밀한 정의에 토대를 두고 있으므로 경험적으로 보아 성분통어에는 포함되고 최대투사통어에서는 고려하지 않는 추가적인 구조가 과연 문법적으로 중요한 역할을 하는가가 관건이 될 것이다. 성분통어가 맞는가 최대투사통어가 맞는가 하는 것은 그 자체로서 중요한 문제이지만 보다 중요한 것은 이 두 가지 다른 개념들이 국부성에 대해 어떻게 다른 예측을 제공하고 또한 경로 기반 분석이 이 결정에 어떤 시사점을 던져주는가를 밝히는 일이라 할 수 있겠다.

2.5.5. 수평이동(sidewards movement)

경로기반 분석의 또 다른 중요한 특징은 단일구조 내에서의 이동이나 연결되지 않은 두 구조간의 수평이동에 똑같이 적용이 가능하다는 것이다.

(39) a. [$_{vP}$ v [$_{VP}$ V [$_{TP}$ DP1 ...]]]
b. [$_{vP}$ v [$_{VP}$ V DP2 [$_{TP}$ DP1 ...]]]]
c. [$_{vP}$ v [$_{VP}$ V DP2]] [$_{TP}$ DP1 ...]
d. [$_{vP}$ v [$_{VP}$ V DP2]] [$_{TP}$ DP1 ...[$_{XP}$ ... DP2 ...]]

이 구조들은 각각 다음의 예문들과 연결되어 있다.

(40) a. John1 hoped [PRO1 to see Mary]
b. John1 persuaded Bill2 [PRO1/*2 to see Mary]

c. John1 saw Mary before PRO1 leaving the party.
d. *John saw Mary without it being told <John> that she left.

　　(39a)의 구조에서는 DP1이 v로 이동하는데 아무런 문제가 없으므로 (40a)에서 보듯 주어에 의한 통제가 가능한 구조이다. (39b)에서는 DP1이 v로 이동하는 경우의 경로인 {vP, VP, TP}가 DP2가 v로 이동할 때의 경로({vP, VP}보다 멀기 때문에 DP1의 이동이 허락되지 않고 따라서 (40b)에서 알 수 있듯이 주어에 의한 통제가 아니라 목적어에 의한 통제만이 가능하다. (39c)의 구조는 수평이동을 내포하는 구조인데 vP와 TP가 서로 연결되어 있지 않고 따라서 DP1에서 v로의 이동경로(={vP, TP})와 DP2에서 v로의 이동경로(={vP, VP}) 사이에 진부분집합 관계가 성립하지 않기 때문에 DP1이 v로 이동하는 것이 가능하다. 그것이 바로 (40c)가 문법적인 이유이다.
　　그러나 모든 수평이동이 다 허락되는 것은 아니다. (39d)의 구조에서와 같이 DP1과 DP2가 같이 부가절에 포함되어 있고 DP1이 DP2를 성분통어하는 경우에는 DP1이 v로 이동하는 경로(={vP, TP})가 DP2의 경로(={vP, XP, TP})의 진부분집합이 되므로 최소성 조건때문에 DP1을 제치고 DP2가 수평이동을 하는 것이 허락되지 않는다. (40d)와 같은 문장이 허락되지 않는 것은 바로 이러한 이유 때문이다.
　　결국 이것이 시사하는 바는 단일뿌리를 지닌 구조에서 일어나는 이동과 수평이동이 전혀 다른 성질의 이동이 아니고 공통적으로 복사와 병합으로 이루어지며 동일한 원리체계에 의해 설명될 수 있는 운용들이라는 점이다.

2.5.6. 최단유인과 최단이동(Shortest Attract versus Shortest Move)

　　Hornstein의 경로기반 분석은 최단유인(Shortest Attract)의 관점에서 기술되었지만 최단유인이나 최단이동(Shortest Move) 어느 쪽과도 결합이 가능하다. 최단유인은 주어진 하나의 목표를 기준으로 복수의 이동가능한 요소들을 고려하는 것이고 최단이동은 하나의 요소가 복수의 목표로의 이동하는 가능성을 고려하는 것이다.

(41) [$_A$T(arget)...[$_B$...DP1...[$_C$...DP2...]]]

이 구조에서 T와 DP1, DP2가 성분통어관계에 있다고 가정해 보자. 최단유인의 관점에서는 DP1과 DP2의 T로의 경로는 각각 {A, B}와 {A, B, C}이기 때문에 DP1이 DP2의 이동을 막게 된다. 그럼 최단이동의 관점에서는 어떻게 되는가? 이 경우에는 DP2가 T만이 아니라 동일한 자질을 지닌 DP1으로도 이동할 수 있으므로 이 두 경우의 경로를 비교하면 각각 {A, B, C}와 {A, B}가 되어 DP2의 T로의 이동이 허락되지 않게 된다. 최단유인이 옳은가 최단이동이 옳은가의 문제와는 별개로, 중요한 것은 경로기반 분석이 이 둘 중 어느 것과도 결합이 가능하다는 점을 지적할 필요가 있다.

2.5.7. 이동보다 병합 우선(Merge Over Move)

문법이 의존관계의 길이를 (경로측정을 통해) 최소화하는 성질을 지닌다고 가정하면 왜 병합이 이동보다 우선하는지에 대해 설명할 수 있게 된다. (42)에서 A가 목표이고 배번집합의 한 요소인 B나 이미 구조 속에 포함되어 있는 C가 A의 필요를 충족시킬 수 있는 요소라고 가정해 보자.

(42) Numeration = {... B ...}
　　　Derivation: [$_{AP}$ A　[$_{XP}$ ... X ... C ...]]

C가 A로 이동하는 경로는 최소한 {AP, XP}가 될 것인데 B가 A로 병합되는데 관여하는 것은 AP 하나 밖에 없으므로 {AP}가 {AP, XP}의 진부분집합이 되고 따라서 병합이 이동보다 우선해야 할 이유가 생긴다.[44]

2.6. 요약: 성분통어에 대한 소고

최소주의의 주요한 목적 중 하나는 왜 UG의 원리들이 그런 식으로 작용하는가를 이해하려고 노력하는 일이다. 이를 답하기 위해 필요한 두 가지 전략이 있는데 그 하나는 겉으로 보기에는 무관해 보이는 현상들을 동일 원리로 설명해 내는 일이다. Hornstein이 대용어의 의존관계와 PRO의 분포를 이동을 이용하여 동일한 설명을 제공하려고 시도하는 것은 이 첫 번째 전략에 해당하는 일이다. 두 번째로는 언어에서 관찰되는 자질들을 언어의 영역에서 작동하는 자연적 연산원리의 산물로 이해하는 일이다.

Hornstein의 2장은 이 두 가지 전략을 적용하여 왜 FL/UG에서 성분통어가 그렇게 광범위하게 작용하는가라는 질문을 답하려고 시도한다. 이에 대한 답으로 그가 제공하는 것은 그것이 바로 문법이 어떤 특정한 방식으로 조직되면 자연적으로 나타나는 현상이라는 것이다. 이 특정한 방식으로 그가 드는 것은 다음의 가설들이다.

(1) 문법적 의존관계는 (이동을 포함하는) 병합에 의해 포착된다.
(2) 연산은 확대조건을 준수한다.
(3) 문법은 먼 관계보다 가까운 관계를 선호한다.
(4) 문법은 Boolean식 계량화를 이용한다.

---

44) 만일 A가 아니라 AP가 목표라면 부가적인 병합이 될 것인데 이 경우는 지배관계가 성립하기 어려우므로 경로의 집합이 공집합이 된다고 보아야 할 듯하다.

(5) 문법적 운용은 최후수단으로서 일어난다.
(6) 문법은 의미역 영역과 격 영역, 그리고 A' 영역을 분리하여 [CP [TP [VP]]]의 구조를 필요로 한다.

이러한 가설들 하에서 성분통어가 왜 여러 문법과정에서 나타나는지를 설명할 수 있게 된다. 이 가설들 – 단일확대, 최후수단, 숫자세기의 결핍, 짧은 의존관계 선호 – 은 모두 합리적인 일반적 연산원리들이며 성분통어는 이러한 자연적이고 기본적인 운용들을 적정한 방식으로 연산에서 배치시킴으로써 나타나게 되는 당연한 결과라고 할 수 있게 된다. 즉 성분통어는 적정한 문법적 설계의 표식이라 할 수 있는 것이다.

3

표지, 회귀성, 그리고 이동
Labels, Recursion and Movement

3.1. 병합과 연결

인간 언어의 모든 요소들은, 단어, 구, 혹은 문장까지, 모두 형상 구조적으로 구성되어 있다. 즉, 문장속의 단어는 "실에 꿴 구슬이 아닌 것"이다. 문장 속의 단어는 그저 단순히 선형적으로 연결(concatenate)되어진 것이 아니고 완전내포의존적(nesting)으로 이루어져 있다. 보다 더 공학적으로 말하자면, 인간의 언어자료들은 그저 일렬로 연결된 것이 아니고, 회귀적 내포성(recursive embedding)을 가지고 있고, 따라서 위·아래가 있고, 좌·우가 있는 것이다.

현대 언어학의 가장 중요한 과제중의 하나는 이러한 완전내포의존적인 본성을 찾아내는 것이다. 이러한 회귀성은 문법중 구 구조의 영역에 속한다는 것이 통사론 학자들의 공통적인 의견이다. 이런 규칙은 한 범주 안에 그 범주가 무한하게 다시 출현할 수 있도록 허락한다. 예를 들면 X라는 범주는 동일한 X라는 범주 안에 나타날 수 있다. 이렇게 되면 회귀적 내포가 가능해지고, 한 범주 안에서 무한한 계층적 구조를 만들어 낸다. 이러한 회귀적 내포성은 (1)에서 알 수 있는데, 이를 보면 X라는 범주가 역시 X라는 범주 안에 포함되어 있다.

(1) [$_{XP}$ ...XP...]

생성문법의 다양한 구 구조 규칙은 모두 다 (1)과 같은 구조를 허락한다. 대표적으로 Aspects(Chomsky 1965) 모델에 의하면, (2)같은 구 구조 규칙도 이에 해당된다.

(2) a. S → NP VP
     b. VP → V (NP) (S)
     c. NP → Det N (PP) (S)
     d. PP → P NP

(2a)와 (2b)를 적용하면 S는 S안에서 끊임없이 순환할 수 있게 된다. 또한 (2c)와 (2d)는 NP 안에서 NP가 끊임없이 회귀되어 생성될 수 있게 허락한다. 비록 약간의 차이는 있으나, 다른 모든 생성문법적 접근도 이와 같은 목표를 달성할 수 있다. GB에서는 구 구조 규칙이 X-bar 이론과 함께 발전해 나아갔으며, 구는 (3)과 같은 기본 구조를 가지고, 어휘 핵의 투사로 이해되기 시작했다.

(3) [$_{XP}$ ZP [$_{X'}$ X^0 YP]]

최소주의 접근은 구 구조에 대한 초창기 견해로 다시 돌아간다. 구 구조 규칙은 병합이라는 문법작용으로 대체되었다. 어휘항목은 특정한 집합을 이루기 위해 어휘부로부터 선택되어져서 결합한다. 다음 (4)를 예로 보자.

(4) John likes the dog.

(4)는 *John, likes, the, dog* 이라는 어휘항목과, 시제 같은 다양한 기능요소로 구성된다. 이러한 단어들은 아래와 같이 문장을 형성한다.

(5) a. the와 dog를 병합 → {the, dog}
 b. likes와 {the, dog}를 병합 → {likes {the, dog}}
 c. John과 {likes {the, dog}}를 병합 → {John {likes {the, dog}}}
 d. T와 {John {likes {the, dog}}}를 병합 → {T {John {likes {the, dog}}}}
 e. John을 복사해서 복사한 John을 {T {John {likes {the, dog}}} 와 병합 → {John {T {John {likes {the, dog}}}}}

(5)를 살펴보면, 병합은 반복적으로 적용되어 점점 더 큰 구조를 만들어 낸다. 이 병합 작용은 어휘부로부터 선택되어져 나온 두 개의 원자(atom)에 공통적으로 적용되고, 또한 이미 앞에서 생겨난 분자 같은 결과물에도 적용된다.[45] 또한 이 병합은 항상 '뿌리'(root)에만 적용이 된다는 가정이 있다는 것을 주목할 필요가 있다. 이처럼 병합은 (i) 뿌리에만 적용이 되고, (ii) 핵과

---

45) 여기서 어휘항목은 핵에 해당되고, 병합의 결과로 생겨난 집합{...}은 분자 같은 결과물 – 분자구조물 – 을 일컫는 말이다.

원자에 무차별적으로 공평하게 적용이 된다는 두 가지 전제가 바로 구와 문장의 계층적 구조를 생성해내는 것이다. (5)에서처럼 계속해서 병합을 해나간다면, 보다 더 깊게 내포된 부분집합을 구성할 수 있다. 즉 우리는 계층적으로 의존적인 형태를 만들어 나가는 것이다. 위 두 가지 전제가 자연스럽다고 해서 그 공리적인 명백한 특성을 흐리게 해서는 안 된다. 병합이 그와 같이 정의되어서도 안 되고, Merge'이라고 부를 수도 있는 다른 작동이 무작정 불가능할 것도 없다. 이 Merge' 정도라고 이름 붙일 수 있는 규칙은 다음 (6)과 같다.

(6) Merge' {A}와 {B, C} → {A, B, C}

Merge'은 내포되지 않은 일련의 요소들을 결과물로 만들어 내는 작동이다. 원자는 단일 집합(singleton set)[46]과 같으며 Merge'은 합집합과 동일하다. 그렇다면 이런 경우는 여전히 회귀적인데 얼마나 많은 요소가 집합으로 조합될 수 있는지 그 상한선이 없다. 이와 유사하게 연결(concatenate)이라는 작동은 구조의존성이 없으나 더 긴 일련의 어휘열(string)을 만들어 낼 수 있다.

(7) A와 B를 연결하라: A, B → A⌢B

A⌢B을 다시 C 와 연결하면 A⌢B⌢C가 된다. 따라서 문법이 "실에 꿴 구슬 같은" 점점 긴 구조물을 만들어 내는 것이 UG의 결정적인 특징이 아니라, 점점 긴 완전내포적인(nested) 구조물을 만들어 낸다는 것이 UG의 결정

---

[46] 단일원소(singleton set)는 그 요소가 한 개인 집합을 말한다. {a}는 singleton set이고, {{a, b, c}}도 singleton set인데 이 경우 단일한 한 개의 멤버 자체는 singleton set이 아니다.

적 특징이다.

  UG의 회귀성을 논함에 있어서 숨어있는 한 가지 전제는 Merge와 Merge'은 서로 전혀 다른 종류의 작용이며, 병합(Merge)과 연결(Concatenate)도 전혀 다른 작용이라는 것이다. 또한 병합이야 말로 UG의 독특한 작동이다. 다시 말하면, 연결은 병합보다는 더 근원적인 작동이라는 전제하에, 연결에 무엇을 더해야 병합이란 작동이 되는가를 아는 것이 중요하다. 필수구구조 이론(Bare Phrase structure, BPS)에서 함축하는 바에 따르자면, "실에 꿴 구슬" 같은 편평한 구조를 내포적인 구조물로 변화시키는 작용을 하는 것은 다름 아닌 표지화(labelling)이다. 따라서 만일 병합이 연결의 일종이라면, 표지화야 말로, UG의 가장 혁신적인 변이이며, 언어가 가진 독특한 조직(architecture)이 출현하도록 하는 원동력이다. 또한 계층성을 촉발하는 표지화는 인간언어에서 발견되는 두 가지의 문법자질을 함께 동반한다: 하나는 내심성제약(Endocentricity Restriction)이고, 또 하나는 위치이탈(혹은 이동)이다. 내심성제약이란 "최대투사범주 밖에서 볼 때, 그 최대투사범주의 핵만이 가시적"이라는 조건이다. 따라서 표지화가 다른 비언어적이며 인지적인 작동(연결과 복사)과 어울리지면 충분히 NL 문법의 가장 결정적인 특징을 가진 주 시스템을 만들 수 있다. 만일 이런 생각이 옳다면 인간의 언어 출현을 가능하게 한 혁신적인 촉발제는 아주 사소한 내심적인 표지화(endocentric labeling)란 것이며 이것이 이미 인간에게 존재해 있던 인지적 능력과 결합하여 인간언어 능력이라는 FL로 출현하게 된 것이다. 만일 이런 견해를 유지할 수 있다면, 그 유쾌한 예후는 이미 1장에서 논의한 바와 같이 신속한 인간언어의 출현을 설명하는데 도움을 줄 것이다.

  우선 우리의 논의를 진행시키기 위해, (i) 연결이란 무엇인지, (ii) 연결이 전제하는 것이 무엇인지를 대략적으로 논의한다. 그리고 (iii) 표지화란 무엇인지, (iv) 그것이 자연언어에 계층성을 보장하기 위해 연결과 어떻게 상호작용을 하는지에 대한 의문을 풀어보기로 한다.

표지화를 이해하자면, Chomsky(1957)나 Lasnik & Kupin(1977)에서 다루어졌던 전통적/기술적 의미의 표지화로 이해하면 좋겠다. 표지화란 완전동일관계("is-a"relation)를 나타내는 기술적 장치(technical device)이다. 입력물 중에서 유형을 정하는 기능을 할 수 있는 표지의 한 종류가 연결의 결과물을 명시하는 것이 내심성이다. 만일 Chomsky(1995a, b)에서처럼 필수구구조 문법 틀을 가정하는 경우, 표지가 없는 구조라면, 내심적 표지화는 연결된 원자적인 요소들을 보다 더 복잡한 원자적인 요소로 바꾸고, 자연히 점점 더 많은 연결을 할 수 있도록 허용한다.

그러한 표지화는 자연언어의 다른 자질들뿐만 아니라, 언어의 계층적 회귀성을 출현시키기에 충분하다. 자연언어의 다른 자질이라 함은 예를 들어 내심적 제약조건 같은 것을 말하는 것이다. 더욱이, 표지화가 복사와 연결같은 여타의 언어 이전(pre-linguistic) 작용과 연계한다면, 이 체제는 흔히 이동으로 알려진, "위치이탈"현상도 설명이 가능하다. 더욱이 만일 이러한 연산이 바로 앞 2장에서 논의한 것과 같이 경로 최소화로 이해되는 최단거리 이동의 원리를 준수하는 설득력 있는 연산이라면, 이러한 언어체계는 "구조보존"(structure preservation)이라든지, 구성소 이동(constituent movement)등의 언어 고유의 특질들을 보여줄 것이다. 이런 것은 확실히 인간언어의 구조생성에 관여하는 작동들이 어떻게 출현했는가에 대한 몇 가지 함축성 있는 제시를 해줄 것이다.

3.2. 연결이란 무엇인가?

연결은 가장 근원적인 형태의 결합방식으로 다른 모든 작동과 마찬가지로 원자들의 집합으로 정의된다. 이 점은 매우 중요하기 때문에 좀 더 상세히 논의할 필요가 있다. 연결을 통해서 우리가 얻을 수 있는 것은 우리가 조작하려는 원자가 무엇인가 하는 것에 달려있다. 만일 글자, t, h, e, c, a, t 등을 가지고 연결한다고 상상해보자. t^h^e^c^a^t 혹은 t^c^h^a^e^t라는 연결 복합체가 생겨날 수 있는데, 만일 the, cat을 원자로 삼아 이를 연결하면 the^cat 이나 cat^the 만이 생겨날 수 있다. 이러한 복합체는 t^h^e^c^a^t 나 the^cat가 '약하게 유사하다'고 말할 수 있는데, 그것은 t^h^e^c^a^t 나 the^cat가 동일한 글자순서이기 때문이다. 그러나 t^c^h^a^e^t 과는 '강하게 다르다'고 말할 수 있다. 그것은 t^c^h^a^e^t은 글자를 연결할 땐 생성가능한 결과물이지만, 단어를 연결할 때는 불가능한 것이기 때문이다. 한마디로 말해서 원자들이 연결하는 것은 형성가능한 복잡한 복합체를 결정한다. 이 때 원자연결체가 매우 중요한 역할을 한다.

연결은 매우 자유분방한 작용이다. 그 원자는 음소, 글자, 음절, 단어, 문장, 행위, 계획, 꽃 등 무엇이든 연결한다. 비언어적인(non-verbal) 것이 어떤 요소들을 연결해서 보다 더 큰 순서를 가진 물체로 만들어낸다. 이런 의미에서 연결은 언어고유의 특징적 작용이 아닌 셈이다. 즉 FL에만 국한된 특징이 아닌 것이다.

흔히, 연결은 문장의 원자들을 이어주는 작용이 아니라고 일반적으로 전제된다. 왜 그럴까? 그 이유는 다음과 같다. 만일 우리가 연결이란 것이 원자로 국한해서 원자만이 연결되는 것이라고 정의한다면, 또한 문장을 구성하기 위한 원자가 단어/형태소라면 이러한 것들을 연결하면 그저 편평한 구조의 "실에 꿴 구슬"같은 구조가 될 것이다. 따라서 A, B, C를 연결하면 A^B^C가 되고, the, dog, barks를 연결하면 우리가 친숙하게 잘 알고 있는 [[the dog] barks]가 되지 않는다. 따라서 문장은 계층적 구조로 이루어져 있고, 단어(원자)의 연결이 아니라고 결론내릴 수 있다.

이런 생각이 비록 믿음직하긴 하지만, 이런 생각 뒤엔, 숨어있는 전제가 있다. 즉, A와 B는 원자적이었는데, 그 연결체인 A^B는 원자적이지 않다는 것이다. 만일 우리가 "A^B가 원자적이지 않다"라는 생각을 포기한다면, 연결은 문장 중에서 발견되는 완전내포의존(nested dependency)을 구성하는데 충분할 것이다. 다시 말해서, 만일 이전의 연결이 다음 연결의 입력물이 된다면, 연결은 계층적이 되는 것이다. 따라서 [the^dog]^barks는 계층적인데, 그것은 the^dog라는 선행 연결이 barks와 이루어지는 다음 연결의 입력물이 되었기 때문이다. 다소 현학적으로 들릴지는 모르지만, the^dog^barks와 [the^dog]^barks의 차이점은 전자의 경우, barks가 dog와 연결되었지만, 후자에선 barks가 the^dog와 연결되었고, the dog가 마치 하나의 원자처럼 뒤따르는 연결의 입력물이 된 것이다. 그렇다면 연결은 (복잡한) 출력물을 차후의 연결을 위한 입력물로 취급하고, 그때 자연스레 계층성이 생겨나는 것이다. 그렇다면 언어학적인 중요한 질문은, (i) 연결 작용이 원자에 작용하고 (ii) 구성된 연결체가 원자가 아닌 경우에, 구성된 연결체를 차후 연결의 입력물이 되도록 허락하는 것이 무엇인가 하는 것이다. 답은 표지(labels)이다. 왜 그 답이 표지인지 계속 논의 해보자.

Chomsky(1995a, b)에서는 구 구조 구축이 두 가지 작용으로 구성되어 있다. 그 첫째는 병합으로 두 개(한 쌍)의 원자를 결합하는 일이다. 만일 병합이 연결이라면, 위에서 본 (7)과 같을 것이다.

(7) A와 B를 연결하라: A, B → A^B: A^B를 다시 C와 연결하면 A^B^C가 된다.

두 번째의 작용은 표지화이다. 이 작용은 연결이 되는 두 개의 입력물중에서 한 개에게 이름을 주는 것이다. 이 작용은 아래 (8)에 나타나 있다.

(8) a. A, B를 연결하라 → A^B
    b. A^B에 표지를 붙여라 → [₄ A^B]

여기서 각괄호는 A^B가 A의 표지를 가지고 있다는 것을 의미한다.
그렇다면 표지가 하는 일은 무엇인가? 혹은 [₄ A^B]는 무슨 의미인가? Chomsky(1955)에서는 수형도상의 표지는 "is-a" 관계를 정의해 주는 것으로 해석할 수 있었다. 따라서 (9)는 V^NP가 VP라는 것을 말해 주는 것으로 해석되었다.

(9) a. VP → V NP
    b. [ᵥ V NP]

그러나 Chomsky(1986a:18)가 언급한 바와 마찬가지로, X-bar이론의 원리는 "핵과 그 투사체들이 의미역 표시를 포함해서 모든 중간투사범주와는 다른 특징을 가진다." 이런 관찰과 필수구구조(BPS)에서의 표지화는 어휘항목＋연결체를 어휘항목자체로 다시 사상(mapping)한다는 것을 의미한다. 결국, A의 모든 특질을 가지게 되는 것이다. 따라서 어떤 어휘항목 A가 연결가능하다면 [₄ A^B]도 다시 연결가능한 것이다, 다른 말로 해보면, (8b)에서의 표지화는 연결된 복합체가 다시 연결가능한 원자가 된다는 말이다. 따라서, Chomsky(1955)의 표지화와 Chomsky(1986)의 내심적 표지화를 이해한다면, 이런 표지화의 결과물은 결국 차후의 계속된 표지화를 위한 하나의 원자이다.[47]

또한, 두 번째 중요한 요소가 있는데 그것은 우리가 표지화를 필수구구조 방식으로 처리해야 한다는 것이다. 주목할 것은 (8b)는 중간투사범주가 없다. (8b)에 의하면, 연결에 의한 표지는 A'나 혹은 AP가 아니고 그저 단순히 A인 것이다. 만일 연결이라는 작용이 이러한 관계적 특질에 무관하다면, 표지가 붙은 연결체는 그저 원자일 뿐이고 계속된 차후의 연결의 대상이 될 뿐이다. 다시 말하면, 표지화가 있고, 우리가 표지화를 (i) BPS 식의 완전동일("is-a")의 관계로 정의하고, (ii) 표지는 핵의 모든 자질을 상속받는다면, 또한 (iii) 연결을 상대적(관계적) 자질이 아닌 본질적 자질만으로 국한한다면, 우리는 연결작용으로 완전내포구조를 허용할 수 있다. 혹은, 이런 연결이 도출하는 원자나 혹은 표지를 전제로 하고, 병합과 연결을 같은 것으로 볼 수도 있을 것이다.

논의를 계속하기 전에 한 가지 기술적인 문제를 짚고 넘어가기로 하자. 여기서 말하는 표지는 Chomsky(1995a, b)의 표지와는 동일한 개념이 아니다. 도출된 구조(derived structure)의 표지는 연결된 원자 한 개의 표지이다. 표지화는 복합적 구조물을 원자적인 입력물의 하나로 만드는 것과 같다. Chomsky(1955a)에서의 표지는 상당히 복잡하다.

그 효과에 있어서 표지란 도출의 과정(역사)을 보여준다. 여기서 표지란, 핵이 투사된 것이기 때문에, 전통적인 X-bar 이론상의 표지와 상당히 비슷하다. 보다 더 복잡한 개념은 여기서 언급하지 않겠지만, 표지란 결국 완전동일 ("is-a")관계를 통해서 연결된 복합체적 원자를 만들어 내는 것이다. 복잡한 표지는 원자적 요소를 표현하지 못하므로, 복합체적 원자를 만들어내지 못한

---

47) 사실 표지화의 형식적 효과는 각각의 연결복합체를 그 복합체의 원자적 부분에 사상함으로서 어휘원자의 영역 안에서 연결을 막음 짓는 것이라고 할 수 있다. 결과적으로 표지화는 연결가능한 모든 표현과 동등한 부류를 만들어내는 것이라고 할 수 있다.

다. 따라서 표지화는 간단해야만 한다. 입력한 요소 중의 한 개와 동일한 유형으로, 입력물중 한 개를 원자의 연결 결과물 이름을 삼고, 그것을 두 원자 중 한 개와 동일하게 만드는 것이 바로 이 표지화 작용이다.

3.3. 병합의 장점

3.3.1. 내심성과 회귀성

우선, 완전내포회귀성(nested recursiveness)을 두 가지 작용의 함수로 분석해보자. 한 개는 언어 이전적인(pre-linguistic) 작용이고, 나머지 하나는 언어적인 혁신이라는 작용이다. 언어 이전적인 작용은 연결이다. 연결도 순환적(회귀적)으로 적용할 수 있다: A^B가 가능하다면 C^A^B도 가능하고, A, B, C가 원자라면 A^C^A^B 도 가능하다. 따라서 "왜 자연언어의 문장은 무한하게 긴 것일까?"에 대한 대답으로는 "연결이 계속적으로 일어날 수 있기 때문이다"가 될 것이다. 표지화야말로 지극히 언어고유의 언어적 기여를 한 것이다. 표지화가 원자가 아닌 것을 차후의 연결을 위해서 원자로 변화시키는 기능을 함으로서 무한하게 완전 내포되는 근원이 된다.

여기서 말하는 표지화란, 자체적으로 회귀성을 가지고 있으며, A를 가진 것으로부터 다시 A를 되돌려 내놓는 것이기 때문이다. 이런 것이야말로 회귀성을 보장하는 간단한 과정이며, 일단 [$_{XP}$ ...X(P)...]이 생성되면 회귀성이 보장되기 때문이다. 예를 들면 TP속의 TP라든지, DP 속의 DP라든지 하는 것만으로도 끝없이 계속되는 완전내포구조를 생성할 수 있기 때문이다. 만일 그렇다면, 우리가 자연언어에서 발견하는 완전내포회귀성의 근원은 통사적 표현에만 특이하게 발견되는 "내심적 표지화 작용"으로 국한할 수 있다. 좀 더 과감하게 말하자면, 내심적 표지화란, 연결과 결합했을 때 자연언어의 문장들의 특징인 무한 완전내포구조물(unbounded nested structures)을 만들어

내는 진화적인 혁신인 것이다.

보다 더 대조적인 방식으로 위에서 말한 점을 다시 부각시켜보자면, 표지화라는 것이 완전내포와 계층성을 보장해주는 필수조건은 아니다. 논리적으로 말하면 계층성과 회귀성은 표지화와는 별개의 개념이다. 굳이 논리를 들지 않더라도, 계층성과 회귀성이 표지화와 독립적이라는 것의 예는 다음에서 찾을 수 있다. 자연언어에서 내심적 표지 없이도 완전내포가 발견되는 곳이 바로 음절이라고 말할 수 있다. 음절은 [onset [nucleus coda]]의 구조를 가지고 있지만, 이 구조가 내심적이지는 않다. 흥미롭게도, 음절 안에 다시 음절이 내포된 경우는 없기 때문이다.[48] 물론 음절이 계층적 구조를 가지고 있다는 주장은 종종 있어 왔고, 그러한 전제는 상당히 보편적이었으나, 최근 이러한 개념은 논란의 대상이 되어 있다.[49] 내심적 표지화는 회귀적인 구조를 만들고 연결과 함께 사용되면 무한 내포구조를 생성할 수 있다.

물론 회귀적 내포가 표지화를 위한 논리적 조건이라는 말은 아니다. 구 구조에 대한 초기 이론은 문장을 비-내심적이라고 처리했었다. 예를 들면, AUX/Infl이 S의 핵으로 처리되지 않았었기 때문이다. 그럼에도 불구하고, 앞서 구 구조 규칙 (2)가 보여주었던 것처럼 S는 VP로 다시 쓰이고, VP는 S를

---

[48] 음성부/음운부에서는 모든 요소가 선형적(linear)이며, 계층적(non-hierachical)이지 않다고 말할 수 있다. 즉, 입력물이 전-후의 순서는 확실하고, 구조적으로 더 높은 위치에 있지만, 낮은 위치의 요소보다 뒤에 발음 되는 것은 없기 때문이다. 따라서 계층성, nestedness 등으로 나타나는 내심적 표지화는 통사부의 특징이라고 말할 수 있고, 그렇다면 진화론적으로 인간의 언어를 결정짓는 한 두 가지의 혁신은 그야말로 통사부의 특징이라고 할 수 있을 것이다. 한 가지 주목할 것은 형태부(또는 어휘부, Lexicon)도 내포의존성을 보일 수 있는데, 그렇다면 자율적 통사부(autonomous syntax)의 개념은 수정되어야 할 수도 있다.

[49] Samuels(2008)이나 Tallerman(2006)의 논의를 살펴보면 이러한 논의를 구체적으로 알 수 있다.

내포하고 있음으로 해서, 그런 초기의 체제조차도 회귀적 내포성을 가지고 있었던 것은 확실하다. 따라서 내심적 표지화가 반드시 계층성이나 회귀적 내포의 필요조건은 아니다. 그러나 이 내심성 표지화는 계층성이나 회귀적 내포를 위해서 충분한 조건일 것이다. 지난 40년간 연구를 통해서 우리는 자연언어의 구 구조는 내심적이라는 것을 증명할 많은 증거를 찾았고, 이 특징(내심적 표지화가 있다는 것)이야 말로 인간언어의 무한한 계층적 특징을 가져온 것이라고 주장하고자 하는 것이다. 이러한 주장은 두 가지 사실을 밀접하게 연결시켜 준다. 첫째, 내심성이 생물세계에서 우리가 발견할 수 있는 인지적 계층성에서는 독특한 것이라는 것, 둘째 인간언어 이외의 곳에서 무한 회귀적인 계층성을 발견하기는 쉽지 않다는 것이다. 이것은 결코 우연한 일이 아니다. 논리적으로는 계층성과 회귀성이 내심적 표지화와 독립적이긴 해도, 연결 시스템(Concatenate system)의 맥락에서 내심적 표지화는 자연언어가 채택하고 있는 무한 계층적 회귀성을 만들어 내기에 충분한 것이다. 그리고 이런 무한히 회귀적인 구조물들이 한 가지의 보편적인 근원, 즉, 표지화로부터 출발했다는 전제를 한다면 인간언어의 두 가지 특징적인 자질들(내심성에 의한 계층성과 완전내포회귀성)이 FL과 더욱 밀접하게 관련될 수 있을 것이다.[50]

---

[50] 이러한 맥락에서, Rob Chametzky는 표지화란 것이 진화적 압력에 대한 응답이 아닌가 하는 의문을 제기하고 있다. 실상 인간이 진화해 나가는데서 당면하는 압력이 있었고, 그 압력에 대한 대응의 방식이 표지화라고 하면 우리가 생각하는 자연언어의 구조의 발생을 설명할 수 있다. 또한 표지화란 것이 순전히 유전적인 돌연변이에 의해서 생겨난 우연의 일치이며 자연선택(natural selection)과 관련이 없다. 내심적 표지화란 것은 이미 인간의 다른 생물학적 체제 안에서 존재하던 연결 시스템에서 계층적 회귀성을 얻기 위한 "기제"인 것이다.

3.3.2. 내심성의 제약

표지화를 위와 같이 해석하고 보면, 문법의 두 번째 특징을 그럴듯하게 설명할 수 있게 된다. 예를 들면 선택(selection)이나 하위범주화(subcategorization) 같은 핵-핵 간(Head-to-Head)의 관계는 구의 핵에 한정되는 것이며, 이를 "내심성제약조건"이라고 부른다. 따라서 C는 정형적 T 혹은 비정형적 T를 선택할 수 있지만, vP 혹은 VP 같은 T의 보충어나, T의 지정어(DP 주어여야 한다는 등)에 대해서는 아무런 제약도 가하지 않는다. 이와 유사하게 V는 +/-Wh C는 선택할 수 있지만, C의 지정어나 TP의 성격에 대해서는 아무런 제약도 가하지 않는다. 그렇다면 이런 핵-핵 간의 관계는 왜 제약적인가? 이에 대한 대답은, 바로 연결이며, 모든 체제가 연결의 관계로 설정되었기 때문에 핵-핵 간의 관계는 제약적이라고 말할 수 있다.

다시 말해서, 모든 어휘간의 관계가 연결에 의존한다고 말하는 경우, X와 Y가 연결된 경우에만, 핵인 X는 Y를 선택/하위범주로 선택할 수 있다. 만일 선택/하위범주화가 자질점검의 일종이라면 (실제로는 자질이란 것이 늘 변하는 것이므로 이것이 사실일수 없다) 자질점검을 연결에 국한해야 한다는 요구조건이 되는 셈이다. 그 경우가 만일 사실이라면 (이 경우 선택/하위범주화가 매우 국소적인 관계가 된다) 연결이 원자만을 연결시키는 것이라는 전제하에, 우리는 연결의 복합체에서 오직 핵(즉, 표지)만이 "가시적"이 될 것으로 예측하게 된다. 왜냐하면 표지가 붙은 표현은 연결의 관점에서 본다면 (역시) 핵이기 때문이다. (10)에서 보면, C는 A와 연결되어있는데, 연결은 원자들 사이에서만 일어나고 있고, 표지화란 여기서 A^B 가 다시 원자인 A가 된다는 의미이다. 그렇다면 C는 A만 볼 수 있는 것이다.

(10) a. C^[_A A^B]

b. C^[_A D^[_A A^B]]

3.3.3. 확대조건

　셋째로, 병합은 항상 뿌리에서 일어나야 한다는 점이 자연스럽게 설명될 수 있다. 최초의 병합은 언제나 뿌리에서 일어나는 것으로 전제되어져 왔다. 따라서 (10)을 살펴본다면, C는 B와는 병합할 수 없다. 이러한 전제의 예후는 도출상 한 요소의 모 절점(mother node)이 여러 개가 있을 수 없다는 것을 알려준다. 즉, A가 B와 연결되고, C도 B와 연결될 수 없다는 것이다.

　　　　　|... |...|
　(11) [_A A [_C B] C]

　만일 우리가 병합을 연결의 일종이라고 보고, 표지화는 원자로 만들어서 되돌려주는 작용이라고 본다면, 병합은 "반드시 뿌리에서" 일어나야 한다는 것을 보장한다. 다르게 표현해 본다면, 연결이란 것이 언제나 원자에 적용되기 때문에 이 '연결 작용은 수형도의 뿌리만을 볼 수 있다'라고 말할 수 있다. (10a)의 예를 들면, A^B를 A로 표지화하고 나면, 연결작용에서는 [_A A^B]의 내부구조는 보이지 않는다. 연결을 위한 오로지 가능한 목표물은 A-표지가 붙은 구조일 뿐이다. 그러니, 병합이 목표로 삼는 것은 그 A-표지가 붙은 구조물일 수밖에 없게 되는 것이다.

　그 이유는 다음과 같다고 말할 수 있다: 어휘항목을 자질들의 복합체로 생각해 보자. 어떤 요소 A는 실제로는 [_A F1, F2, F3... Fn]이고 B는 [_B G1, G2, G3... Gn]이다. 우리가 A와 B를 결합하면 A^B가 되고, 결국 [_A F1, F2, F3... Fn] ^ [_B G1, G2, G3... Gn]를 낳지만, 설사 A와 B가 서로 중복되는 부분이 있다고 해서 [ₐ F1 [B F2, F3... Fn G1], G2, G3... Gn]이 되지는 않는다. 이 시점에서의 도출과정에서는 A와 B는 원자이기 때문에 이들이 중복적 요소(overlap)를 낳지 못한다. 마치 *the*와 *cat*을 결합하면 the⌢cat 이 나오지, th⌢ceat이 나오지 못하는 것과 같은데, 이는 the와 cat이 이미 원자이기 때문이다.

이러한 생각은 Chomsky(1955a)에서의 생각과 다른데, Chomsky(1955a)는 병합이 뿌리에서 일어나고, 확대 조건을 지키는데, 왜냐하면, 그것이 가장 덜 복잡하기 때문이었다. 좀 더 부연설명을 하자면, 병합이 뿌리가 아닌 다른 곳에서 일어나면 훨씬 더 복잡하다는 말이다. Chomsky(1995a)에서, 뿌리가 아닌 곳에서 일어나는 병합이 얼마나 더 복잡한지를 구체적으로 설명하지 않았는데, 우리가 만일 병합을 뿌리가 아닌 곳에서도 적용할 수 있는 것이라고 할 경우 어떤 종류의 복잡성이 발생하는지를 확인해보려 한다 해도, 그 추가적인 복잡성이 특별히 대단한 것인지는 확실치 않다. 사실 재병합(ReMerge)은 뿌리가 아닌 요소를 선택한다. 즉, 재병합된 요소는 뿌리가 아니다. 그렇다고 하면, 왜 첫 번째 병합이 같은 방식의 기술(technology)을 사용할 수 없는 것인지 분명치 않다. 다시 말해서, 만일 뿌리가 아닌 요소가 이동을 할 목적으로는 가능하면서, 첫 병합을 위해서는 안 되는 것인가?

우리는 Chomsky(1955a)와 달리 상당히 형식적이어서 병합이 연결의 일종이라는 주장을 가지고 있다. 연결은 언제나 "뿌리"에서 일어나는 일이며, 따라서 확대조건을 지키고, 또한 원자들 사이에 적용된다. 만일 표지화가 연결 복합체를 차후의 연결을 위해서 원자로 변화시킨다면,[51] 그 연결 복합체의 "내부구조"를 볼 수 없는 것은 당연한 일이다. 이것이 다시 "원자"가 된

---

[51] 여기서 연결복합체란 말은 원자와 원자를 연결해서 생겨난 결과물인 복합체를 의미하며, 이것은 다시 원자와 동일하게 취급되는데 그것이 차후 다른 연결을 위한 것이라는 말이다.

다는 의미이다: "원자"라는 것은 차후의 연결에 문제를 일으킬 소지가 있는 내부구조물이 없다는 말이다.

물론 Chomsky(1995a)의 논리가 옳다면, 표지화가 가지는 연산적 장점을 보여주는 것이며 따라서 표지화가 존재하는 이유의 근거를 보여주는 것이다. 표지화는 연산상 최적의 방식으로 병합이라는 작동이 복합구조물을 만들 수 있도록 허용한다. 물론 그렇다고 해서, 그것이 왜 뿌리에서 병합이 발생하는가 하는 것을 설명하는 것은 아니고, 이미 뿌리에서 발생한다는 것을 전제로 하고, 그것이 왜 연산적으로 가치가 있는가를 설명하는 것이다.

3.3.4. 이동의 원인과 대상

만일 어떤 요소들이 연결되는 경우에만 서로에게 제제를 가한다면, (즉 aRb 가 a^b의 경우처럼), 문법의 다른 특질들을 있음을 가정할 때 이동이란 반드시 존재한다. 좀 더 자세히 설명해보자. 지금까지 전제했던 대로, 연결이 존재하는 경우에 문법관계가 성립된다고 생각해보자. 그렇다면, 모든 것들을 동일하게 두고, 방법론적인 바탕위에서 생각해보자면, 문법적 상호작용은 연결관계에 의해서만 독점적으로 성립된다. 그렇다면 한 개의 주어진 요소 A는 다양한 종류의 자질을 가지고 있는 B, C 등의 여러 핵과 관계를 맺어야 한다면. 그 관계는 A가 B, C등과 연결되는 관계일 때만 성립된다. 예를 들면, 만일 의미역 표시가 DP와 동사의 관계를 요구하고, 주격은 T에 의해서 DP에게 할당될 때, DP는 V와도 연결되어야 하고 T와도 연결되어야 한다. 그러나 표지화라는 것이 연결복합체를 차후의 연결을 위해서 원자로 변환시킨다는 사실을 안다면 DP가 T와도, V와도 연결되는 일은 위치이탈(displacement)이 있을 때 만 가능하다. 좀 더 구체적으로 말해보자.

(12)에서, B가 C의 자질을 점검할 필요가 있거나, B 자신의 자질을 C에

점검할 필요가 있다고 생각해보자. B는 A라는 원자 안에 들어있으므로 C와 연결될 수 없다. 따라서 B는 차후의 연결에는 보이지 않는다.

(12) C^[_A A^B]

B가 C와 연결될 수 있는 오로지 유일한 방법은 (13)과 같다.

(13) B^[_C C^[_A A^B]

위 (13)의 도출은 B의 위치이탈을 보여준다. B가 복사되어 C라는 표지를 붙인 복합 원자물과 연결되는 것이다. 만일 그렇다면, 우리가 모든 문법 관계가 연결이 가능한 경우로 한정될 때 표현들은 문법적으로 실행해야 할 것이 연결을 한번 적용해서는 불가능 할 것이다. 그렇다면, 문법적 상호작용을 위해서 연결이 필요하다는 것으로부터 이동이 자연스럽게 따라 온다.[52]

---

[52] 여기서 중요한 한 가지 질문은 왜 하나의 핵이 연결체의 모든 문법적 필요사항을 방출/점검하는데 필요한 모든 자질을 다 가지지 못하는가 하는 것이다. GB에서 예를 들어보자면, 목적어의 격과 의미역은 V에 의해서 방출된다. 그렇다면 목적어는 결코 이동하지 말아야한다. 그러나 목적어는 이동이 자유롭다. 만일 최근의 최소주의에서처럼 격을 점검/방출하는 핵(v)과 의미역을 방출/점검하는 핵(V)이 각각 다른 것이라고 생각하면, DP 목적어는 격과 의미역조건에 적용대상이기 때문에 이동해야 한다. 보다 더 심오한 질문은 왜 핵은 자질의 복합체를 방출/점검하지 못하는가? 왜 문장은 3부분의 영역으로 나뉘어서 의미역 영역, 격 영역, 그리고 A-bar 영역으로 나뉘어 있는가? 하는 의문이 있을 수 있다.

이러한 질문의 가능한 대답으로서는 Pollock(1989)에서 암시되었던 바와 같다. 그는 핵과 자질사이에는 1:1의 대응관계가 성립한다고 주장하였는데, 그 주장이 옳다면, 한 개의 핵이 여러 개의 자질을 동시에 방출/점검하는 일은 불가능하다. 예를 들면, 일치와 격, 또는 의미역과 격의 여러 자질을 한 개의 핵이 점검하지 좀 더 자세히 설명해보기로 하자. (13)의 경우, B를 복사해서 C와 연결할 동기는 다름 아니고, 연결만이 문법적 의존관계를 설정할 수 있다는 전제로부터 오는 것이다. 예를 들어 만일 C가 B와 AGREE 되는 상황에서 상호작용을 할 수 있다면, 이동할 이유가 없다. 왜냐하면 장거리 문법관계는 AGREE라는 작동을 통해서 연결되지 않은 요소들 사이에서 성립될 수 있기 때문이다. 연결이라는 작동으로 문법적 상호작용을 국한하는 것이 (강제적으로) 이동을 촉발하는 것이다. 물론 이런 견해는 전혀 새로운 것이 아니다. 초기 최소주의 모델인 약 1990년대 중반(1993, 1995a)에는 자질 점검이 Spec-Head 형상에서만 가능했었다. 만일 AGREE가 문법적 작동의 한 가지로 추가된다면 이런 식으로 이동을 설명하는 것은 불가능해진다. 오늘날의 설명은 초기의 개념으로 돌아가는 것인데, 문법에 추가로 첨가되는 것은 내심성조건, 완전내포, 이동이 모두 동일한 현상이라는 것이다. 즉, 문법구조와 관계는 표지가 붙은 원자의 연결에 의존한다는 것이다. 간단하게 말하면, 완전내포 회귀못한다는 것이다. 요소들이 방출/점검할 자질을 한 개 이상 가지고 있다는 점을 전제로 한다면, 이동은 불가피하다. Agr 핵을 반대하는 Chomsky(1995a)의 논점을 따르자면, 일치(φ 자질의 복합체)는 T와 v에 할당 될 수 있다. 물론 약간의 변화야 허용되겠지만, 이것은 Pollock의 입장과 상반되는 것으로 보인다.

두 번째의 질문인 왜 문장들은 세 개의 영역으로 나뉘는가 하는 문제로 넘어가 보자. Paul Piertroski는 다음과 같은 견해를 피력하고 있다: 격과 의미역영역의 구분은 DP의 이동을 지원하는 것이다. 양화사의 의미해석을 위하여 개방문(open sentence)을 제공한다는 것이다. 이런 견해에 의하면, 격은 적어도 한정사 등을 통해서 양화사현상을 지원한다. 이 견해는 강 한정사만이 격을 요구하는 현상이 발견되는 많은 언어에서 그 경험적 타당성을 얻는다. 대표적으로 터키어 같은 언어의 약 한정사는 다른 방식으로 인허된다(Enc 1991, Cargi 2005). 만일 격이 하는 일을 생각해보면, 특정한 D가 그 의미역을 벗어나서, 그 한정사가 해석되도록 하는 일을 하는 것이므로, 타당성이 있어 보인다. 이런 일반적 견해와 잘 어울리는 것으로 Diesing(1992), Hornstein & Uriagereka(2002)등이 있다.

성은 자연언어에 존재하는 방식이 이동현상과 자연언어에서 발견된 내심구조의 특징적인 국부성 제약을 설명한다.[53] 끝으로 세 가지 중요한 점을 생각해보자.

첫째, 위에서 한 논의에 의하면, 복사라는 것이 연결이란 작동과 대조가 된다. 복사는 원자에 한정되지 않기 때문이다. 다시 말하면, 복사는 원자의 일부를 복사해도 된다. 위 (12)의 형상구조를 보면, 거기에서 B는 A-라는 표지가 붙은 연결체 속에 포함되어 있지만, B는 복사가 된다. 만일 복사작용이 (표지가 붙어있는) 원자에만 가능하다고 한다면, B가 복사되는 일은 불가능할 것이다. 여기서 유념할 것은 연결이란 작동은 원자들 간의 집합에만 관여하는 작동으로 정의되어 있다는 점이다. 복사의 작동에는 이러한 제약이 존재하지 않는다. 복사는 아무 것이라도 복사할 수 있고, 연결은 원자의 경우만 연결이 가능하고 이 점은 매우 중요하다(5장 부록 참조).

흥미롭게도 복사작용만으로는 문법관계를 설정할 수 없다. 연결만이 문법관계를 설정한다. 하지만, 중요한 점은 복사를 허락한다고 해서, 문법이 무절제해지는 것은 아니다. 왜냐하면, 복사체는 결국 나중의 도출 수렴을 위해서 다시 연결의 대상이 되기 때문이다. 이 말은 결국 차후 연결이 가능한 원자만이 복사의 대상이 된다는 말과 같다. 따라서 복사는 무제한으로 남아 있을 수 있고, 결국 원자의 일부분에도 적용이 가능하다는 말이 된다. 복사를 통해서, 한 개의 요소는 어떤 연결복합체 속에 내포될 수도 있고, 다른 문법관계를 위해서 계속된 연결의 대상이 되기도 한다. 다시 말하면, 한 개의 요

---

53) 완전내포회귀성이 어떤 방식으로 존재하는가 하는 것이 이동현상과 국부성 제약현상을 설명한다. 여기서 국부성 제약현상은 결국 이동에 가해지는 제약이다. 즉, 완전내포회귀성의 설명방식이 언제 이동이 허락되고 언제 이동이 불허되는가를 설명해준다는 의미이다. 그런데 완전내포회귀성이란 결국 연결과 표지화에 의해서 가능한 일이므로, 이동도 연결과 표지화로 설명이 된다.

소가 복사와 연결의 두 가지 작용으로 새로운 문법관계 속으로 들어갈 수 있다는 말이다. 그렇다면, 복사와 연결을 함께 허락하는 체제 안에서, 위치이탈이란, (모든 문법적 관계가 연결이란 작동으로만 가능한 문법틀에서), 전혀 다른 요소와 관계를 맺을 수 있도록 해 주는 기제인 것이다.

둘째, 복사가 연결의 일종이 아니라는 것을 이해해야 한다. '연결하라'(Concatenate)는 작동에서, A라는 표지가 붙은 복합체 속에 숨어있는 B는 그 작동의 입장에서는 원자가 아니므로 보이지 않는다. 따라서, 만일 병합이 연결이라도 재병합이 재연결은 아닌 것이다. 특히 (12)인 C^[_A A^B] 속의 B는 C와 재연결이 안된다. 왜냐하면 그것은 연결된 원자 속에 포함되어 있으므로, 다음 연결작동에는 보이지 않는다. 차후의 연결을 위해서는 복사가 필요한 것인데 이것이야말로 최근의 개념으로 이동을 (내부)병합의 일종으로 보는 입장과 확연히 다른 셈이다. 만일 우리의 생각이 옳다면, 이동에 대한 복사-기반접근을 옹호하는 것이 되고, 이동을 병합의 일종으로 축소하려는 입장의 반증이 될 것이다.[54]

셋째, 이러한 전제하에, 병합과 이동이 연결의 일종이므로, 첫 병합과 이동은 확대조건을 준수해야 한다. 복사는 만일 어떤 요소가 원자일 때만 연결할 수 있고, 만일 원자일 때일지라도, 다른 원자들과 마찬가지 방식으로 뿌리에서만 연결할 수 있다.

---

54) 재병합이 복사와 병합을 대체해야 하는가, 아닌가에 대한 논쟁은 매우 커다란 논쟁거리이다. 또한 복사의 근원에 대한 질문도 가능하다. 이 또한 FL의 혁신적인 요소인가 아니면, 보다 더 일반 인지적인 현상/작동인가? 동물들이 단순한 물체를 계속적으로 복사할 수 있다고 보이고, 노래에서도 동일한 구가 반복적으로 나타날 수 있다. 그렇다면 복사도 연결처럼 언어 이전적인 작동으로 일반 인지적 작용으로 봐야 한다.

3.3.5. 지정어와 보충어

초기 Spec-X^0의 개념으로부터 AGREE-기반 개념으로 변화되어 나간 이유는 지정어의 특별한 역할을 찾기 어렵기 때문이었다(Chomsky 2000). 즉, 보충어가 그 핵에 대해서 특별한 관계를 가지고 있고 반면에 지정어는 보충어에 비하면, 한결 중요성이 떨어지는 "기타의"(elsewhere) 경우에 해당된다. 왜 점검 영역이 바로 이 기타의 영역에 국한되는지는 개념적으로 다소 명쾌하지 못한 느낌이 있고 이 점이 바로 모든 문법관계에 대한 Spec-X^0식 접근을 덜 매력적이게 만들었다.

여기서 우리는 이런 개념적 문제점을 짚고 넘어가려고 한다. 지금까지의 견해에 의하면, 문법은 연결을 통해서 모든 문법적 관계를 설정하였다. 연결이란 원자에 국한된다. Spec-X^0 관계는 그저 단순히 연결의 한 예에 해당되며 원자 두 개 중에서 한 개가 복합체적인 원자가 되는 것이다. 즉 표지가 붙은 연결인 셈이다. Spec-X^0라고 해서 별다를 것이 없으며 일반적인 연결과 다르지 않다. (13)인 B^[$_C$ C^[$_A$ A^B] 에서보자면, B는 C의 지정어라고 생각할 수 있다. 기본적으로는 B의 복사체와 C가 연결된 것이며 문법적으로 필요한 것은 그것뿐이다. 연결이 일어날 때 어떤 특정한 문법적 요구가 생겨나는지는 결합되는 원자에 달려있다. 마일 (19a)에서처럼 A가 V이고 B가 DP라면 문제가 되는 관계는 의미역표시이다. (12)에서 B와 C 사이의 관계는 격이거나, 아니면 φ-자질 점검, 혹은 만일 C가 v인 경우에는 의미역표시가 된다. 그러나 작동 자체만 살펴본다면, "complementation"이나 "specification"은 특정한 것이 아니고 그저 연결의 한 예일 뿐이다.

지금까지 한 말을 다시 해보자. Chomsky(1993, 1995a)에 의하면 격, φ-자질 점검, 혹은 Wh-자질 점검등과 의미역 표시는 다르다. Spec-X^0는 핵의 점검 영역에 있으며 X^0의 보충어와는 구별된다. 그러나 만일 의미역 할당을 격할당/φ-자질 점검/Wh-자질 점검과 구분하지 않는다면 이러한 모든 것들은 그저 두 요소들 사이의 문법적 관계의 한 예에 불과할 것이고, 점검 영역과 점검영역이 아닌 것을 구분할 필요가 없어진다. 여기에 해당이 있는 것은 이러한 상호작용을 인허하는 문법적 작용이다. 이제 모든 그러한 관계는 연결이란 개념으로 설명될 것이다. 일반적으로는 내부논항의 경우를 제외하고, 모든 문법적 관계는 Spec-X^0로 설정될 것인데 그 이유는 의미역 영역은 격영역에 포함되고, 다시 격영역은 A-bar 영역에 포함되기 때문이다.[55] 왜 이렇게 되는지는 사실상 명확하지 않은데, 우리가 왜 이렇게 세 종류의 영역이 필요한지를 알게 된다면 이상적일 것이다(7장 참조할 것). 우리가 이렇게 세 영역이 필요하다는 것을 의미로 하고보면, 내부논항의 경우를 제외하고, 모든 것이 Spec-X^0의 형태로 방출되는 것은 놀랄만한 일이 아니다. 또한 연결이 이분지구조를 준수한다는 것과 모든 문법적 관계가 (표지가 붙는 식의) 연결의 형식으로 방출된다는 것도 자연히 설명된다. 따라서 지정어에 대해서 석연치 않았던 최근의 입장은 나름대로 설득력이 있다; 즉 지정어라고 특별할 것이 없다. 그러나 보충어도 문법적으로 특별하지 않다는 것이 최근의 이론이 흐름이다. 연결은 두 종류의 구조를 다 출력물로 만들며, 한 번의 연결보다 두 번의 연결이 보다 더 복잡한 통사체를 만든다는 것 이외에 지정어가 보충어보다 더 근본적이라거나, 그 반대라거나 할 수가 없다.

3.4. 왜 경로는 XP만을 포함하는가?

여기서 논의하는 구 구조의 개념은 구 구조 구축을 BPS식 연결과 표지화의 결합된 결과로 보며, 이는 경로를 기반으로 최소주의를 이해하는데 흥미로운 예후를 남긴다. 제 2장은 바로 이러한 생각을 발전시키고 있는데, (14)

---

[55] 의미역 영역은 VP가 되고, 격 영역은 v/T가 되며, A-bar 영역은 C가 된다.

번에서 보는 것처럼 최소성(Minimality)은 성분통어를 상당히 깊이 있게 운용하고 있다.

> (14) 최소성(Minimality):
> X^3와 동일한 X^2가 X^1과 X^3사이를 가로막고 있을 때 이동운용이 X^1과 X^3를 연계시킬 수 없다. (A movement operation cannot involve X^1 and X^3 over an X^2 which is identical to X^3.)
> ... X^1 ... X^2 ... X^3 ...

최소성을 정의함에 있어서 성분통어하는 요소로 한정하는 것은 만일 우리가 (14)를 좀 더 넓은 맥락에서 이해한다면, 굳이 성분통어하는 요소로 한정할 필요가 없다. 만일 최소성이 의존성 길이를 최소화 하는 원리라고 한다면, 그 도출은 두 가지의 전제를 가진다: 하나는 경로가 의존구의 길이(dependency length)를 측정하는데 좋은 방법이라는 것, 그리고 둘째는 문법이란 일반적으로 Boolean 산정 방법(특히 경로를 비교측정 할 때)으로 제한되어 있다는 것이다. 만일 문장의 두 요소사이의 거리를 그 요소를 관할하는 최대투사범주 XP의 합집합(union)으로 측정할 것을 전제로 하고, Boolean 계량법만을 사용한다면, (13)에서 언급된 최소성에대한 성분통어 제약조건을 도출할 수 있을 것이다.

이런 방식으로 최소성을 해석하는 것의 장점은 A-over-A 조건을 최단거리 의존성의 관점에서 매우 효율적으로 도출할 수 있게 한다는 점이다. (15)가 이를 보다 분명하게 보여준다.

> (15) $[_{X0P}\ ...\ X^0\ ...\ [_{F1P}\ ...\ F2P\ ...\ ]\ ...\ ]$

F1P와 F2P가 모두 X^0와 해당 자질을 점검할 필요가 있다고 가정해보자. 그리고 문법은 위에서 언급한 것처럼 (최)단거리 의존성을 중시한다고 가정해보자. 그러면 F1P로부터 X^0까지의 경로는 F2P로부터 X^0까지의 거리보다 짧아야 한다; 후자는 X^0와 F1P를 관할하는 모든 최대투사범주(XP), 그리고 적어도 F1P 자체를 포함해야 하기 때문이다. 이 F2P의 경로는 F1P의 경로를 진부분 집합으로 가지기 때문에 A-over-A에 의해서 차단된다. 따라서 최소성을 의존성 거리의 최소화로 해석한다면, A-over-A는 최소성의 또 다른 예에 불과할 것이다.

이런 생각이 여기서 무슨 관련이 있는 것일까? 우리가 본론으로부터 벗어나 논의되고 있는 문제에 두 가지로 관련을 맺고 있다. 첫째는 표지화와 관련된 우리의 제안들이 왜 경로가 최대투사범주의 관점에서 측정되어야 하는가 하는 점을 설명해준다. 둘째, 다소 부수적인 전제와 더불어, 구조보존 조건(Structure Preservation Condition, SPC)을 잘 설명할 수 있는 방법을 제시해준다. 구조보존 조건(SPC)이란 3부분의 하위 조건으로 나뉘어져 있는데, (i) 최대투사범주인 maxP는 최대투사범주의 위치만을 목표로 한다. 따라서 보충어→지정어, 지정어→지정어로의 이동할 뿐, 절대로 핵으로 포함되지 않는다. (ii) 중간투사범주는 결코 이동하지 않는다, (iii) 핵은 오로지 핵의 위치로만 이동(포합)될 뿐 결코 최대투사범주의 위치를(즉, 보충어나 지정어) 목표지점으로 하지 않는다. 이 두 가지를 다음에서 더욱 자세히 살펴보기로 하자.

3.4.1. 최단경로 연산하기

경로를 구 구조내의 거리를 측정하는 방법이라고 가정해보자. 그러면 여전히 왜 거리를 연산하는데 최대투사범주의 관점에서 계산되어야 하는가 하는 문제가 남는다. 제 2장에서는 그런 식으로 하는 거리 계산에 대한 이론적/

경험적 이유를 검토하였다. 그러나, 여기에 또 다른 선택의 여지가 남아있다. 예를 들면, 왜 경로를 목표지점과 출발지점(launch site)을 관할하는 '**모든 투사범주의 합집합**'으로 간주하지 않는가 하는 것이다. 지금 우리가 논의하는 바가 바로 이러한 의문에 대한 이론적 대답을 제공해 준다. 이 문제에 대한 대책으로 다음의 구체적 경우를 생각해보자.

(16) [LP ....L ....[BP XP [B' YP   [B...]]]]

(16)에서 보면, 만일 우리가 최대투사범주만을 고려할 경우, XP로부터 L까지의 경로는 YP로부터 L까지의 경로와 같다. 그러나, 우리가 모든 투사범주를 고려한다면, XP로부터 L까지의 경로가 YP로부터 L까지의 경로보다 짧은데 그것은 B'가 YP는 관할 하지만 XP는 관할하지 않기 때문이다. 따라서 경로를 계산함에 있어 무엇을 셀 것인가 하는 것이 차이를 내기 때문에 경로는 최대투사범주만을 포함해야 하는가 하는 질문에 대한 답이 되는 것이다.

경로를 계산함에 있어 과연 모든 투사범주를 연산할 것인가 아니면 최대투사범주만을 연산할 것인가 하는 딜레마는 만일 우리가 표지화를 매우 극단적인 BPS식으로 해석한다면 없어질 것이다. BPS는 두 가지의 주요한 주장을 포함하는데, (i) 중간투사범주란 상대적인 구조물이라는 것, 즉 핵의 여러 다양한 중간투사범주들 사이에는 본질적인 문법적인 차이는 없다는 것이다. (ii) 문법적 연산작용은 문법적 항목들의 본질적 (관계적이 아닌) 자질만을 조작한다는 것이다. 한마디로 말하면, 문법적 작동은 본질적 자질만을 "볼 수"있으며, 관계적 특질은 보지 못한다는 것이다. 그 결과, BPS가 만들어내는 구조만이 문법적으로 어떤 작용의 대상이 된다는 것이고, 따라서, 문법이 조작할 수 있는 표지화는 (16)이 아니고 (17)이라는 것이다.

(17) [~L~ ....L ....[~B~ XP [~B~ YP [B...]]]]

　여기서 중간투사 범주가 완전히 제거되었음을 주목해야 한다. 이 중간투사범주라는 정보는 관계적이고, BPS식의 논리에 따르면 본질적인 것이 아니다. 이제 L과 XP, YP의 경로를 연산해보자. 연산거리는 여전히 목표지점과 출발지점을 관할하는 모든 절점의 합집합이라고 전제한다. 우선 첫 경로는 {L, B}이다. 두 번째 경로는 {L, B, B}처럼 보이는데, 그렇게 보이기는 하지만 여전히 첫 번째 경로와 동일하다. 왜냐하면 집합에서는 동일한 요소는 두 번 계산하지 않기 때문이다. 다시 말하면, 급진적인 방식으로 BPS의 표지화를 받아들인다면, 모든 투사범주를 다 계산에 넣는다고 해도 최대투사범주만을 계산에 넣은 경우와 동일한 결과가 나온다. 일단 중간투사범주적 정보가 무시되고 나면 차이가 다 없어지고, 이는 우리가 원래 표지화란 전제를 받아들일 때 필요했던 개념이다.

　간단히 말하면, 완전내포를 도출하는데 필요한 BPS식 접근법은ー만일 병합이 그저 간단한 연결이라고 한다면ー경로가 한 가지 방법으로 연산될 수 있다거나, 어떤 식으로 해도 결국 동일한 결과를 낸다는 것을 의미하게 된다. 혹, 우리가 제안한 바대로 표지화를 이해하기로 한다면, BPS는 경로가 어떤 투사 범주도 한번만 계산한다는 결과를 낳을 것이고, 그런 이유로 경로를 계산할 때는 최대투사범주만을 계산해야 하는 것이다.

3.4.2. 최소성, BPS, 구 구조 보존

　문법은 과연 중간투사범주적 정보를 필요로 하는 경우가 과연 있는가? 하는 의문은 중요하다. 위에서 논의한 바에 따르자면, 대답은 "결코 아니다!" 일 것이다. 만일 문법이 경로를 계산할 때, 구의 관계적 자질을 사용할 수 없다면, 문법은 관계적 자질 전반에 대해서 무관(blind)할 것이다. 이 말은 문법이 결코 최대투사 범주인 maxP를 언급해서는 안 된다는 말이다. 표면상 이말은 확실히 잘못된 것인데, 예를 들면, 구조보존조건(SPC)은 maxP의 이동을 maxP의 위치로 제한하고, X^0의 이동은 X^0의 위치로만 제한 한다. 마찬가지로, 중간투사범주가 그 자체로 이동의 대상이 되지 않는다는 것도 일반적인 전제였다. 이러한 조건들은 이제 중간투사범주와 관계적 자질에 주의를 기울이는 것처럼 보인다.

그러나 문법이 의존구간거리를 최소화한다는 견해와 BPS를 결합한다면 어떻게 될까? 또 모든 문법적 상호작용이 어떤 표현의 (상대적 자질이 아닌) 본질적 자질에만 관여한다고 전제해 보라. 다시 말해서, 모든 관계적 자질을 배제하고, 연결의 이름을 주는 어휘항목이 어떤 것인지에 따라서만 작용하는 것이 표지화라고 전제해 보자. 또한 핵 이동에 대해서 일단 고려하지 않기로 하고 (17)=(18)을 다시 생각해보자.

(18) [L ....L ....[B XP [B YP [B...]]]]

여기서 L과 B가 모두 상호작용을 할 자질이 있다고 전제 하자. 여기서 B를 복사하고 그것을 L과 연결함으로서 상호작용이 된다고 한다면, 어느 B를 복사한다는 말인가? 우리는 상호의존거리를 최소화해야만 한다는 점을 명심하자. 그런 경우 B가 여러 개 있는데 어떤 B를 선택해서 복사할까? 3가지의 가능성: 원래의 단순원자 B, YP를 포함하는 B, 그리고 XP를 포함하는 B. 만일 문법작용이 의존구의 거리를 최소화해야 한다는 점을 고려한다면, L에 가장 짧은 경로를 가진 것이 복사되어야 한다. 그 경우 XP를 포함하는 B가 해당된다. 그 이유는 그 경로만이 B를 포함하지 않는 것이기 때문이다. 그 결과는 가장 큰 B가 선택되어 연결되면, 다음의 구조가 나온다.

(19) [_L [_B XP [_B YP [B...]]] [_L....L ....[_B XP [_B YP [B...]]]]]

이런 조작은 최대투사범주 maxP가 무엇인지 몰라도 XP가 이동할 수 있다는 말이다.

이상과 같은 논의에서 우리가 알 수 있는 것은 중간투사범주인 X-bar 범주는 결코 이동하지 않는다는 것인데, 그 이유는 중간투사범주를 이동시키는 것은 A-over-A를 위반하기 때문이다. 즉 최대투사범주인 maxP를 이동하는 대신에 더 긴 경로를 가진 요소를 이동시키게 되기 때문이다. 이런 방식은 핵과 표지가 동일하다고 생각하는 경우에만 원하는 결과가 나온다는 점을 명심해야 한다. (19)를 보면, B의 투사범주들이 B 자체와 동일한 자질들을 가지고 있다는 점을 이해하는 것이 중요하다. 복잡한 표지가 그 표지의 이름을 주었던 핵과— 결국 이 핵이 최초병합의 이름을 준 것이므로— 동일한 자질을 가지고 있는 것이다. 다시 말해보면 결국 우리는 구는 핵의 투사체이며 표지란 결국 핵이란 X-bar이론을 문자 그대로 주장하는 셈이다.[56]

요약하면, 우리의 전제에 의하면 "XP는 XP의 위치로 이동한다는 것과 X-bar 범주는 이동하지 않는다"는 구조보존조건(SPC)의 두 부분이 도출되고 있다. 그렇다면 maxP를 핵에 포합시키는 경우를 차단하기 위해서는 추가적인 전제가 필요하다. 이런 경우를 위해서 우리는 Chomsky(1955a: 319)에 있는 형태적인 조건을 수용하면 된다: 형태부는 어휘핵과 그 자질만을 관장한다. Chomsky에 의하면 어휘핵은 X^0이다. 우리는 이 X^0를 어휘 원자(lexical atom)로 이해하면 될 것이다. 다시 말하면, 어휘항목은 배번집합 혹은 어휘부에서 원자이며, 단순 원자의 집합체라고 생각하면 된다. 후자, 즉 단순원자의 집합체라는 것은 연속적인 핵이동을 허용하기 위한 것이다. 중요한 점은 형

---

[56] 표지란 결국 핵이라고 한 것은 Chomsky(1955a:244-245)에서 찾을 수 있다.

태부가 이러한 조건을 문법부에 부과한다는 것인데, 이 부분은 핵심형태부 출력물 조건(Morphological bare output condition)이고, maxP를 Y^0로 포함하는 일이 형태부가 감당하기에 너무 복잡한 경우이므로 충분히 차단할 것이다.

이러한 제안이 시사하는 예후는 X^0 이동을 배제한다는 점이다. X-bar 이동의 경우와 마찬가지로, X^0로부터 목표점까지의 경로는 언제나 XP로부터 목표점까지의 경로보다 길기 때문이다. 이런 예후가 과연 우리가 원하던 바인가 아닌가 하는 것은 분명치 않지만, 핵이동이 핵심 연산 체제의 일부가 아니고 일종의 PF 과정이라는 주장은 심심치 않게 있어 왔다. 만일 핵이동이 핵심연산체제의 일부가 아니고 일종의 PF 과정이라는 생각이 옳다면, 핵이동이 최소성을 위반한다는 사실은 환영받을 만한 결과인데, 왜냐하면 핵이동이 문법작동으로서 왜 가능하지 않는가를 설명해주기 때문이다. 효과 면에서 보면, 핵이동이 없다는 것이 추가적으로 우리의 주장을 옹호해주기 때문이다.

그러나 만일 핵이동이 문법의 일부라면 어떻게 되는 셈인가? 그런 경우라 할지라도 꼭 우리의 주장에 반증이 되는 것은 아니다. 그 논리는 다음과 같다. 만일 핵이동의 목표가 단순원자 X^0라고 해보자. 그리고 위에서 언급한 Chomsky의 형태부의 조건(즉, 단순 원자만이 단순원자와 포함될 수 있다)을 가정해보자. 이러한 가정 하에서 복합원자는 X^0-목표물에 형태적으로 포함될 수 없기 때문에 복합원자는 이동이 불가능하다. 즉 단순 핵만이 X^0와 결합할 수 있는 것이다. 이러한 조건들이라면, 단순원자가 할 수 있는 일을 복합원자가 할 수 없으므로, maxP의 이동을 강요하는 A-over-A 원리도 불필요해진다.

이러한 생각이 시사하는 바는 X^0가 Y^0로 포함 이동한다는 오로지 한 가지 종류의 X^0 이동만이 허용된다는 것이다. 따라서 핵은 오로지 핵으로만 이동하며, 더 큰 원자복합체는 이동할 수 없다.

따라서 중간투사범주에 의지하지 않고서도, 핵이동을 허용하고, 여러 가지로 구조보존의 원리(3부분)를 다 준수할 수 있는 방법을 찾을 수 있다. 요약하면 A-over-A와 표지의 BPS 개념을 전제로 가정하면 우리는 이동의 목표가 핵이 아닌 한, 언제나 XP를 최단거리로 이동시킬 수 있고, 복합원자는 포합되지 못한다는 Chomsky의 형태부 출력조건에 따라 핵은 (단순)핵으로의 이동만이 허용된다. 이렇게 해서, (i) 핵은 핵으로만 이동하며, (ii) XP는 핵을 제외한 다른 모든 곳으로 이동하고, (iii) X-bar 범주(중간투사범주)는 절대로 이동하지 않는다는 구 구조 보존의 원리가 성공적으로 도출된다.

만일 이러한 제안이 옳다면, 연쇄일관성 조건(Chain Uniformity Condition, CUC)을 유지할 필요가 없어진다. 이는 매우 환영할 만한 일인데, CUC는 몇 몇 가지 이유로 석연치 않은 조건이었다. 첫째, 연쇄가 포함조건(Inclusive Condition)을 위배하는 것이니, 연쇄를 처음부터 제시하는데 문제가 있고, 이러한 연쇄를 연산의 목표로 삼은 것이 다분히 문제가 될 수 있다. 둘째, CUC는 명시적으로 중간투사범주를 지칭하고 있다. 왜냐하면 연쇄는 중간수준의 범주와도 일정하게 연결되어야 하기 때문이다. 이 점은 연산 체제 안에서 관계적인 정보를 피하려는 BPS식 논리와도 상충을 일으킨다. 셋째, XP는 XP로만, X^0는 X^0로만 이동한다는 불필요한 사족을 달도록 하기 때문이다. 따라서 CUC는 제거할 가치가 있다고 본다.

마지막으로, X^0의 이동을 불허하는 것이 중간투사범주인 X-bar의 이동도 인허하지 않을 것이라는 점을 주목하자. 왜냐하면 중간투사범주도 단순원자가 아니기 때문이다.

한 가지 문제점은 단순요소(원자)와 복합요소(원자)를 구분해야 할 필요가 있다는 것이 혹시 중간투사범주를 이름만 바꾸어서 다시 문법에 도입 하는 것이 아닌가 하는 우려를 낳을 수 있다는 점이다. 그러나 핵의 투사체들은 연결의 관점에서 원자이고, 복사 또는 다른 접합면의 여러 가지 작동을 살펴 보건데, 중간투사범주는 원자가 아니다. CI나 AP의 관점에서 보면 복합체는 복합체가 아니라는 것이다. 결국 만일 핵으로의 포합을 제한하는 조건이 형태적인 조건이라면, 형태부의 체제가 복합원자와 단순원자를 구별하는 것을 못할 이유가 없다. 형태적인 (포합)실패가 잠재적 이동을 연산하는데 어떻게 사용되는가 하는 것은 예민한 문제일 것이다. 지금으로서는 일단 차후로 미루어 둔다. 지금까지의 생각으로는 단순원자는 언제나 형태적으로도 단순하고, 일반적으로 X-bar수준의 범주나 maxP는 단순하지 않다고 생각하기로 한다.

요약하면, 만일 핵이동이 문법작동에 있어서 활성화되어야 한다면, 핵이동과 우리의 제안들을 잘 조정할 수 있는 약간의 여유는 있다. 물론 만일 X^0 이동이 PF 현상이거나 형태적 현상이어서, 통사부의 연산과정과 무관하다고 한다면, 이것은 말할 것도 없이 환영할 만한 결과일 것이다.

3.4.3. 의미해석에 대하여

여기서 논의하고 있는 문법체제는 Chomsky의 최근 견해의 확대 보완한 것이라고 할 수 있다. 그는 위치이탈이란 것이 핵에 있는 자질들에 의해서 촉발된 것이고, 구는 핵이 이동하는 방식으로 대동이동(pied-piping)된 것이라고 생각하였다. 그러나 대동이동 이란 것이 명확하지 않은데, 예를 들면 왜 대동이동 된 요소가 핵의 maxP와 동등한 수준인지는 명확하지 않다. 우리가 제시하는 여러 가지 제안은 Chomsky의 생각을 구체화한 것이다. 핵과 함께 오는 정보는 모든 수준의 투사에도 함께 따라온다. 따라서, maxP는 핵이 가지고 있는 모든 정보를 가지고 있으며, (복합원자에게 표지를 주는) 핵으로부터 투사된 것이다. 더욱이, maxP가 이동하는 이유는 최소성을 위해서이며,

maxP가 문법에 의해서 조작되어서 이동이 일어나는 것은 아니다. 다시 말하면, 핵만이 문법적인 관계에 들어갈 수 있으며 구의 이동은 핵-핵 간의 상호작용의 부산물일 뿐이다.

두 번째 점도 중요한데, 문법적 이동을 연산해 내는데 있어서 관계적 자질을 무시하는 것이 중요하다. 이런 생각이 구 구조의 관계뿐만 아니라, 모든 문법적 관계에 다 중요하다고 할 수 있다. 다시 말하면, 잠재적 문법작동에 대한 강력한 조건은 입력이 되는 어휘요소의 본질적 자질에 국한 하는 것이다(이 점은 포함조건(IC)과 동일하다고 할 수 있다). 구체적으로 말해보자면, '주어', '목적어'라는 개념은 관계적인 개념이므로 주어를 목적어로 혹은 목적어를 주어로 바꾸는 일은 문법작용으로서 금지되는 일이다. 또한, 의미역과 관련해서도, 행위역, 대상역, 목표역 등의 의미역도 관계적 개념이므로 이러한 개념을 바탕으로 해서 적용되는 문법작용도 금지된다. 마찬가지로, 주격, 목적격, 여격 등의 경우도 마찬가지이다. 문법작용은 오로지 D와 N 혹은 V와 D, 혹은 C와 T 등만을 어휘항목의 본질적인 범주정보로 본다. +/-human, +/- animate 등의 자질 등은 전형적인 phi-자질이므로 문법현상에서 '가시적'이다.57) 그러나 순수한 관계적인 자질들은 강력 포함조건(strong Inclusiveness Condition)에 의해서 금지될 것이다. 관계적 개념이란 어휘항목의 본질적 자질이 아니다. 따라서 만일 이러한 생각을 유지할 수 있다

---

57) 여기서 말하는 순수한 본질적 자질은 결국, 어휘항목이 가지고 있는 통사 범주적 자질과 단어의 의미를 결정짓는 의미적 자질 등을 말한다. 예를 들어서, 행위역(agent)의 의미역을 가지고 있는 'man'이라는 단어의 본질적 의미자질은 [+Animate], [+Human], [-Female], [-Young], etc등의 자질과는 다르기 때문이다. 'Man'이 'The man hit Mary'에서는 agent지만, 'Mary hit the man'에 나오면 agent가 아니고 patient/theme이 되므로 의미역은 의미자질과 구분되어야 하고, 의미자질은 본질적 자질이 아니고 상대적이다.

면, 문법은, 궁극적으로는 관계적 대상물을 생성한다 하더라도, 표시상의 자질(representational properties)을 이용하지는 않는다. 그런 의미에서, 우리의 주장은 도출적 견해로 볼 수도 있겠다.[58] 다만 문법체제로부터 관계적 개념을 완전히 없앨 수 있는가 하는 문제는 명확하지 않다. 중요한 점은 "최소노력"(Least Effort)과 "이기성원리"(Greed)를 어떻게 이해할 것인가를 중심으로 더욱 발전해 나갈 것이다. 과연 자질이 어떻게 문법 작동을 추진하는가? 이 의문은 차후의 연구과제로 남겨둔다.

3.4.4. 단일 핵만을 가지는 구

구가 여러 개의 핵을 가질 수 없다는 것은 오랫동안 전제되어 왔었다. Chomsky(1995a)는 구가 단일한 핵만을 가진다는 사실을 다음과 같은 견해로부터 도출해보려 했다: 표지는 자질의 집합이라는 견해로부터 구는 단일 핵을 가진다는 사실을 도출하려 했고, 두 개의 핵이 (하나의) 표지를 제공하면 나타나는 자질의 전형적인 Boolean식 연산이 불일치하기 때문이다. 따라서 하나의 표지가 여러 번 핵의 자질 집합의 교집합(혹은 합집합)이 될 수 있다면, 표지의 불일치가 발생하거나, 아무 표지도 얻지 못하게 되는 결과를 낳는다. 예를 들면, 서로의 자질과 상반되는 자질, 즉 V는 {+V, -N} 이고 N은 {-V, +N}이다. 이들의 합집합은 {+V, -V, +N, -N}으로 불일치하게 되고, 그들의 교집합은 공(null)이 된다. 설사 그러한 점을 감안한다 하더라도 이런 사고방식이 일반적인 경우에도 적용이 되는지는 분명치 않다. 기능범주의 핵이 가진 자질들은 어휘 보충어의 자질들과 충돌하는가? 만일 그렇지 않다면,

---

58) 그렇다면 연쇄는 원천적으로 관계적이므로, 문법작동의 대상물이 되지 않는다. 연쇄조건은 중간투사범주를 이용한다는 점과 연쇄라는 관계적 개념을 이용한다는 점에서 이중적으로 공격의 대상이 된다.

그런 경우엔 다중 핵 구조를 발견할 수 있는 것 일까? 만일 우리가 그런 다중 핵 구조를 발견할 수 없다면 이 같은 비상한 제안은 옳지 않다. 여기서 발전시키고 있는 이론에서처럼, 만일 표지가 연결의 결과물을 다시 핵으로 만드는 것이라면, 다중 핵/다중표지의 구 구조는 허용되지 않는다. 이중 핵으로 되어있는 요소는 비어휘적인 절충구조 AB가 된다. 예를 들면 (20)은, A^B를 AB로 표지를 붙인다. AB는 더 이상 핵이 아니라고 정의되어 있으므로, 이 AB는 더 이상 연결을 위한 입력물이 될 수 없고, 따라서 다중표지(또한 다중 핵)은 배제된다.

(20) [$_{AB}$ A^B]

과연 이런 이론적 예후가 좋은 결과인지 아닌지는 다중 핵 구조가 존재하는가, 아닌가에 달려있다. Chomsky(1995a, Kayne 1994)등에 의하면 이러한 다중 핵 구조는 존재하지 않는 것으로 주장되어져왔다. 물론 Chomsky(1995a)의 경우는 핵의 자질이 어떻게 결합하는가에 따라 다중 핵 구조물을 달리 설명할 여지가 조금은 남아있지만, Hornstein(2009)의 경우에는 이런 여지가 사실상 완전히 배제되어 있다.

3.4.5. 왜 문법작동은 구성소를 목표로 하는가?

자연언어의 가장 대표적인 자질중 하나는 문법규칙이 구성소를 목표로 한다는 점이다. 병합을 연결의 일종이라고 보고, 이동은 복사와 병합의 복합체라고 본다면, 왜 구 구조와 이동은 구성소만을 조작하는가 하는 것을 다음과 같이 설명할 수 있다.

만일 병합이 연결의 일종이고 연결은 원초적 어휘 항목 혹은 도출된 어휘항목(즉, 표지가 붙은 연결체)으로 한정된다면, 병합은 구성소, 즉, 어휘항목이나 표지가 붙은 연결체만을 조작할 수 있다. 이러한 요소만이 연결의 대상이 될 수 있는 표현물이므로, 이런 요소만이 문법현상의 적용을 받는 "항목"이 될 수 있다.

우리의 제안에 의하면, 연결이 가능한 요소만이 이동할 수 있다. 그런데 이동은 복사와 병합(즉, 연결)의 결합물이다. 연결은 원자에 국한되며, 따라서 복사체가 어떠한 구조 속으로 합해질 때, 연결가능한 핵이어야만 하는 것이다. 따라서 연결가능한 핵은 구성소이므로, 반드시 구성소만이 이동하는 것이다.

만일 해석규칙이 이동의 결과물이라고 생각한다면, 이러한 생각은 강제적 통제현상과 재귀화같은 해석 규칙으로도 확대될 수 있다. 강제적 통제구문의 PRO의 선행사나 국부적 재귀사는 기본적으로 단수 DP이다. *$Everyone_1$ asked $someone_2$ about $themselves_{1+2}$ 같은 예문에서 보이는 것 같은 분리 선행사(split antecedent)는 일반적으로 배제되는데, 만일 강제적 통제구문의 PRO나 국부적 재귀사가 그 선행사의 이동의 결과로 생겨난 잔여물이라고 한다면, 분리선행사가 불가능한 것이 저절로 설명된다.

흥미로운 점은 만일 대명사 결속이 이동의 결과가 아니라고 해도, $Everyone_1$ told $someone_2$ that $they_{1+2}$ should wash $themselves_{1+2}$에서처럼 대명사는 구성소가 아닌 것에 의해서도 결속이 가능하다. 그러나 이러한 관찰은 조심스럽게 접근되어야 한다. 구성소가 아닌 선행사도 피결속자(bindee)가 복합체라면 선행사가 된다. 따라서 만일 복수 대명사가 일종의 복합체라고 한다면, 설사 얼핏 보기에 복수명사가 구성소가 아닌 결속자를 가지는 것처럼 보이지만, 복합물체 속의 각각의 구성요소는 단일한 선행사를 가질 것이다. 이 경우, 이동-기반 대명사 결속의 접근법과 일관성이 있다.

만일 적어도 몇 몇 가지 경우의 생략이 이동에 의한 것이라면 우리는 이런 논리를 생략현상에도 확대해 볼 수 있다. Johnson(2001)은 동사구 생략이 Topic으로의 이동과 그 후 이동된 Topic을 생략함으로서 설명할 수 있다고 제안하였다. 이 접근법은 (21)과 (22)의 동일한 문법성 패턴을 설명해준다.

(21) a. He would eat pizza and Holly would too
 b. *He would eat pizza and Holly ~~would eat pizza~~ too.

(22) a. Eat pizza, Holly would
 b. *Would eat pizza Holly

만일 이런 접근이 옳다면, 동사구 생략은 구성소를 목표물로 삼을 것으로 예상할 수 있다. 왜냐하면, 연결은 연결 가능한 원자에만 적용되기 때문이다.

이런 생각은 또 다른 문법작동에서도 관찰된다. 이 현상은 '연결'과 무관한 경우인데, 구성소의 경우로 한정되지 않는다. 몇몇 종류의 수문화(sluicing)는 구성소를 목표로 하지 않는다는 증거가 있다. Yoshida(2006)에 의하면 (23)같은 경우에 수문화가 가능하다고 보고되어 있다.

(23) John kissed someone without knowing who.

위 예문에서 실제로 수문화된 것은 *without*-부가절이 빠진 TP인데, 어떻게 부가절이 없이 TP만이 수문화될 수 있는지는 명백하지 않다. 흥미로운 사실은 TP는 화제화가 되지 못한다는 점이다(This book, I said that John read vs. *John read this book, I said that). 그렇다면 화제화는 생략된 TP가 수문화의 조건을 만족시키지 못한다는 것을 암시하고 있는 것이다.

유사하게, 구성소가 아닌 요소의 생략이 ACD의 경우에서 발견된다. 다음 두 예를 고려해 보자. (24)같은 예문에서는 생략된 구성소의 "선행사"가 자체적으로 PF구성소는 아니다.

(24) John expects [everyone that I do] to be at the reception.

위에서 생략된 선행사는 '*expect to be at the reception*'이다. (24)의 의미는 "*John expects everyone that I <u>expect to be at the reception</u> to be at the reception*" 이기 때문이다. 그러나 이는 표면상의 구성소는 아니다. 만일 이런 식의 VP생략이 통사적 동일성하에서 생략된 것이라면, 이 작동이 무엇이든 이 생략에 관여하는 것은 구성소가 아니다. 실제로 ACD 생략의 경우도 구성소가 생략되는 것이 아니라는 것이 일반적 사실이다. 왜냐하면 (25)의 예문에서처럼 생략된 요소는 그 어느 것도 표면상의 구성소는 아니기 때문이다.

(25) a. John blamed everything that I did on Sam.
   (⇐ John blamed everything that I *blamed on Sam* on Sam)
  b. John talks about whoever I do.
   (⇐ John talks about whoever I *talked about*)

(25a)는 생략된 것은 *blamed on Sam*이고 (25b)에서 생략된 것은 *talk about*이다. 그 어느 것도 표면상으로는 구성소가 아니다. 또, 아래의 예문을 보면, VP 화제화와 관계절은 함께 잘 쓰이지 않는다. 만일 이동이 생략을 만들어낸다면(feed), 구성소를 목표로 삼고, 만일 이동이 생략을 만들어(feed) 내지 않는다면, 굳이 구성소를 목표로 삼을 필요가 없다는 견해와 잘 맞는다.

(26) a. John saw me everytime that I kissed Mary.
　　 b. *Kiss Mary John saw me everytime that I did.
　　 c. *John saw me everytime that kiss Mary I did.
　　 d. John likes the place where I kissed Mary.
　　 e. *Kiss Mary John likes the place that I did.
　　 f. *John likes the place where kiss Mary I did.

(26)이 구성소가 아닌 요소의 문법적 조작을 옹호하기 위한 것은 아니다. 다만, 이동은 구성소만을 대상으로 한다는 점은 매우 분명한 데 비하여, 생략은 그보다는 덜 분명하다는 점이다. 문법적 작동들도 나름대로 구별해야 한다. 예를 들면, 연결이 가능한 경우의 문법작동은 구성소를 목표로 한다는 것이다.

3.5. 결론

이 장에서는 연결, 복사와 결합하였을 때 BPS식의 표지화는 자연 언어의 수많은 현상을 보여주는 규칙의 체계를 낳는다는 것을 제시하였다. 특히 연결, 표지화, 그리고 의존구간의 거리 최소화 등은 무한 완전내포 회귀성, 내심성조건, 이동, 단일 핵을 가진 구의 성질, 구조보존성, 그리고 구성소와 관련된 관찰에 관한 여러 가지 특징을 보여준다. 그 밖의 다른 특질들은 "FL의 어떤 자질이 독특한 것인가?", 그리고 "인지적 영역에 보편적으로 발견되는 것은 무엇인가?"와 같은 질문에 대한 대답과 더불어 제 5장에서 다루기로 한다.

3.6. 결론 및 요약: 표지, 회귀성, 그리고 이동

언어가 가진 고유의 특성과 자질이라고 생각했던 여러 가지 통사현상과 운용을 언어외적이면서 보편적인 현상으로부터 도출하려고 한다면, 언어가 가진 언어만의 고유한 특징으로 남는 것은 무엇인가에 대해서 논의하고, 그 가능한 대답으로 병합(Merge)을 제시하였는데, 병합이란 궁극적으로 연결과 표지화이다. 그 중에서, 연결은 인지 보편적인 작동이므로, 결국, 언어의 고유한 특질로는 표지화만을 들 수 있다.

Hornstein(2009)이 제시한 방식의 병합(즉, 연결과 표지화)은 자연언어무장의 무한회귀성과 내심성을 자연스럽게 포착해주는데, 한 가지 중요한 점은 회귀성과 계층성은 얼핏 비슷해 보이지만, 서로 독립적이다. 예를 들면, 자연언어에서 내심적 표지 없이 완전내포가 발견되는 곳은 음절인데, 음절은 [onset [nucleus coda]]의 구조를 가지므로 이 구조는 계층적이지만, 이 구조가 내심적이지는 않다. 음절 안에 다시 음절이 내포된 경우 없기 때문이다. 또한 초기 변형문법에서 Aux/Infl이 S의 핵으로 내심구조를 가지고 있지 않았음도 주목할 필요가 있다.

또한, 이 장에서 논의된 병합의 방식에 따르면, 한번 병합이 일어나고 나면 다시 그 결과물이 원자가 되어서 차후의 병합을 위한 입력물이 된다. 바로 이 점 때문에 확대조건(extension condition)등도 저절로 보장된다. 왜냐하면, 두 개의 원자가 연결될 때, 그 표지는 두 원자 중 한 개가 표지가 되기 때문이다. 따라서 모든 문법작동은 항상 그 뿌리에서 일어나는 작용이라는 점이 인정된다.

자연언어에 관한 특징으로 손꼽을 수 있는 것은 위치이탈(이동)현상인데, 모든 문법작용을 병합(연결과 표지화)로 국한하고 보면, 이동하는 요소가 한 개인데 반해서 서로 관계를 맺어야할 위치는 두 가지 이상인 경우 장거리 위치이탈이 발생한다. 다시 말하면, 문법적 상호작용을 연결이라는 작동으로 국한하는 것이 (강제적으로) 이동을 촉발하는 것이다. 자연히 별도로 AGREE를 설정할 필요도 없고, 무한회귀성 등도 저절로 보장되는 현상인 것이며, 이러한 방식의 연결과 표지화는 지정이나 보충어라고 해서 특별하지 않고, 그저 연결의 대상일 뿐이다. 다만 장거리 이동의 경우에 그 경로를 연산함에 있어서 최대 투사범주의 합집합으로 산정하며 중간투사범주는 인정할 필요가 없다.

또한, 구 구조 보존규칙도 저절로 확보 되며, 의미 해석에 관한한, 핵만이 문법적 관계에 참여하고 구의 이동은 핵-핵 간의 상호작용의 부산물이며 관계적 자질/개념은 문법작용에서 배제되고, 본질적 자질만이 문법작용에 대해서 가시적이다. 따라서 '주어', '목적어'라는 개념이나, '행위역', '대상역', '목표역'등의 의미역, 그리고 '주격', '여격', '목적격'등의 격 개념 등 모두 관계적 개념일 뿐이다. 유일한 본질적 정보라면, D-N, V-D, C-T등의 범주 정보와 +/-human등 phi-자질만이 본질적 정보라고 할 수 있다.

이러한 시스템은 표지가 연결의 결과물이어서 다시 원자가 되므로 다중핵/다중표지의 구 구조는 허용하지 않는다. 그리고 모든 이동과 관련된 문법작동은 구성소를 목표로 하며, 생략과 같이 이동과 관련이 없는 현상은 구성소를 목표로 하지 않을 수도 있을 것이다.

4
언어능력의 진화적 출현
Emergence of FL

4.1. 서론

　Hauser, Chomsky, & Fitch(2002)의 질문은 다음과 같다. FL은 여러 원리로 이루어져 있다. 그 중 언어에만 고유한 원리는 무엇이며, 자연계에 보편적인 일반 원리는 무엇인가? 이 질문은 다윈의 진화론과 관계가 있다. 인간만이 언어능력이 있다는 것과 언어능력이 상대적으로 매우 빠른 시간에 생겨난 것이라는 두 가지 사실은 모순관계이다. 정보처리에 기여하는 다른 감각기관은 매우 오랜 시간이 걸려 만들어진 것이다. 그러나 유독 언어능력만이 단기간에 생겨난 물질이다. 그렇다면 언어능력은 거의 모두 일반원리와 겹치며, 매우 미미한 부분만이 언어에 고유한 물질이라고 보는 입장이 타당할 것이다. 이제부터 이 문제를 구체적으로 탐색하기로 하자.

4.2. FL의 기본 작용과 UG

연결, 복사, 표지화, 그리고 이동경로를 따져 제일 가까운 거리를 선호하는 경로-최소성 원리는 이미 소개하였다. 그리고 오로지 원자(atom)만이 문법관계에 영향을 미치며, 그 중에서도 본질적 자질(intrinsic feature)만이 중요하며, 이로부터 모든 문법작용이 나온다는 포함원리(Inclusive principle)가 있다. 주어, 목적어, 의미역, 주격, 목적격은 모두 비본질적 자질이고 관계적 자질이므로 기본적 문법자질에서 배제된다. 이러한 입장은 오로지 어휘항목만 남겨두고 모두 제거하는 BPS와 같은 입장이다. FL은 기본항목(basic inventory)이라고 보면, 그 내용은 어떠한 것인가?

첫째, 기본항목은 문법관계를 규명한다. 문법관계를 설정하는 유일한 방법은 연결이다. 그러나 모든 문법현상을 연결, 또는 병합만 가지고 다 설명하는 것은 힘들다. 보통 선택제약(selection), 하위범주화(subcategorization), 의미역 부여(theta-marking)의 경우에는 오로지 병합 또는 연결만으로 설명이 된다. 이러한 경우에는 α가 β를 병합하면, α R β이다. 그러나 주격, 목적격을 주든지, 결속하든지, 통제하는 현상은 연결에 더하여 추가로 조건이 더 필요하다. 또한 이동은 필연적 현상이며 연결로 설명이 된다. 두 자리에 관련하여 자질점검을 받아야 할 필요가 있을 때, 이동은 저절로 일어난다. 병합은 확대조건(Extension Condition)을 준수한다. 따라서 모든 문법관계는 성분통어로 설명이 가능하다. 이동하면, 새로운 뿌리(root)를 만들면서, 제일 가장자리로 붙게 된다. 선행사는 대용사를 성분통어하고, 통제자는 통제받는 요소를 성분통어하며, 이동요소는 원래 위치를 성분통어한다. 연결, 복사, 확대조건을 진화적 기본원리로 본다면, 성분통어도 당연히 진화적 출현에 속하는 기본적 개념으로 보아야 한다.

둘째, 문법관계는 두 개의 국부조건을 준수한다. 하나는 경로-최소성 조건이다. 이동구간에 있는 모든 절점을 세어보고, 제일 짧은 경로를 선호한다. A-over-A 조건은 이러한 최소성 조건의 일종이다. 그리고 일부 특수한 경우에 한하며 최소성을 위반해도 좋다는 면제조항이 있다. 다중 의문사 구문은 그러한 면제조항에 해당하는 대표적 사례이다. 다른 하나는 내심성 조건이다. 이는 오로지 핵만이 문법작용에 개입한다는 원리이다. 원자(atom)만 연결을 허락한다고 본다. 일단 연결을 하고, 그 결과물에 다시 연결을 재작업할 때, 저절로 표지화(labelling)가 이루어지고, 표지화는 저절로 원자를 만든다. 모든 표지화는 핵이 단 하나이며 한쪽으로 쏠린 구조물이며, is a의 관계이다. 그러므로 병합, 또는 연결작업을 할 때, 유일하게 보이는 것은 표지이다. 복잡한 내부구조는 전혀 보이지 않는다. 따라서 FL은 당연히 내심성원리를 생성하며, 연결이 일어나면, 저절로 핵이 하나만 있는 표지화도 동시에 일어난다.

셋째, 연결하고 표지화를 하는 작업은 무한대로 점점 커지는 속성을 가진 계층구조를 만들어낸다. 표지는 한쪽에만 핵이 있다는 속성 때문에, 그 계층구조가 점점 길어지면서 무한복제를 유발한다. 연결을 적용하되, 숱하게 적용한다면, 그 구조도 무한대로 늘어난다. 따라서 무한병합이라는 자연언어의 가장 중요한 속성은 내심성 표지화, 그리고 연결이라는 두 가지 원리가 만나면, 저절로 생겨난다.

넷째, 표지는 그 자체로 인허조건이다. 연결하고, 표지를 붙이고, 표지가 연결작업을 다시 허락하는 인허조건으로 기능하는 일이 무한반복이 된다. 따라서 반복작업을 명령하는 안내판이 표지이다. 표지화의 이러한 특징은 다음과 같은 결과를 낳는다. 만일 A와 B가 병합구조를 이루면, A가 핵이든지, B가 핵일 가능성은 있지만, A와 B가 동시에 둘 다 핵이며, 둘 다 표지가 될 가능성은 절대 없다. 그렇기 때문에 만일 표지를 A와 B로 정하면, 작업이 그대로 중단되는 결과를 낳는다. 그런 구문은 파탄이 되어, 실제문장으로 생성되지 못하고 불량품으로 버려진다. 모든 구문은 오로지 단 하나의 표지를 가진다. 표지화는 BPS의 제약을 따른다는 또 다른 특징을 가진다. 핵만이 어휘항목이며, 그보다 큰 중간투사, 최대투사는 어휘항목이 아니다. 그들은 연결작업을 지시할 수 없다. 그런데 BPS도 똑같은 의미이다. 그리고 BPS는 최단경로를 따질 때에도 효과를 발휘한다. 표지화와 경로설정을 제대로 이해한다면, 자연언어가 하는 모든 작업을 이해한 것이다. 핵을 하나만 정하고, 한쪽 가장자리에만 붙이기 작업을 하여 점점 길어지도록 만드는 작업이다. 핵이 가운데 있고 양쪽 가장자리를 모두 이용하여 점점 구조물을 확대하는 작업은 자연언어에서는 존재하지 않는다.

다섯째, 원자(atom) 또는 핵에만 붙는 표시화는 확대조건이다. 모든 표지가 핵에만 붙고, 그 자체로 어휘항목이라면 그 각각은 병합작업을 명령하는 촉매제가 된다. 어휘항목은 그 내부를 볼 수 없고, 그 자체로 원자이므로, 병합이 가능한 유일한 위치는 가장자리이다. 당연히, 확대조건이 유일한 선택지이며 그냥 두어도 저절로 확대조건을 준수하는 방향으로 작업이 흘러간다. 병합과 이동이 일어나고, 복사를 하면, 모든 작업의 결과물이 당연히 확대조건을 준수한다.

여섯째, 경로-최소주의(A-over-A 조건 포함)를 BPS와 결합하면, 저절로 구조보존가설(최대투사는 최대투사의 자리로만 이동한다는 조건)이 지켜지게 된다. 이동은 최대투사에만 적용된다. 핵이동은 현실에서는 존재하지 않는다. 중간투사는 이동이 불가능하다. 형태론적 가설을 더한다면, 핵이동을 막는 제약조건을 무효로 만들고, 억지로 핵이동을 설정하는 것도 이론상 가능하다. 그러나 굳이 그렇게까지 해야만 할 경험적 필요성이 전혀 없다. 최대투사만으로 모든 이동을 설명할 수 있다.

일곱째로, 병합은 연결과 표지화가 다 일어난 것이다. 부가(adjunction)는 연결만 하고 표지화를 안 하면, 생기는 현상이다.[59] 그러므로 부가는 BPS로 설명이 가능하다.

여덟째로, 이동이 당연히 연결이라면 당연히 모든 이동은 구성소 이동이다. 핵만 있으면, 그 옆에 구성소를 붙이도록 자연적으로 설계되어 있다. 모든 표지에 붙은 구문은 다 구성소이며, 이들만 이동의 대상이 된다. 이동은 결속과 생략의 중간에 해당하는 문법작용이다. 결속, 이동, 생략 모두가 표지가 붙은 것만 대상으로 하며, 구성소만을 대상으로 작용한다.

모든 논의를 요약하면 다음과 같다.

◎ 이동은 복사와 연결이다. 결속과 통제는 이동의 산물이다. 이동을 하면 저절로 성분통어관계가 생긴다. 따라서 결속현상이나 통제현상은 성분통어를 수반한다.
◎ 경로측정의 기준은 교집합(공통분모)이다. 이동할 때 최소성을 선호하면, 저절로 성분통어를 유발하도록 작업이 이루어진다.
◎ 이동은 아래에서 위로 이루어진다. 이동이 끝나면, 위는 아래를 성분통어한다. 이동은 연결과 복사이며, 맨 가장자리로만 이동하므로 그 결과물은 당연히 확대조건을 만족한다.
◎ 표지화는 무한반복을 허용하며 촉발한다. 반드시 핵만이 표지이므로 그런 속성이 생긴다. 만일 핵이 아닌 것이거나 핵이 두 개이면, 즉시 작업을 중단한다.
◎ 핵만 문법작용에 개입하는 BPS를 따르고, 오로지 연결만 허용하면, 저절로 확대조건에 맞는 문장만 생긴다.
◎ 연결만으로 문법구조를 만들고, 핵에만 작업하며, 표지화는 재작

---

59) 부가는 표지화를 하는 것과 안 하는 것 두 가지가 있다. 표지화를 하면 그 전체를 이동의 단위로 보고, 표지화를 안 하면, 하나의 단위로 보지 않기 때문에 이동의 대상이 될 수 없다.

업을 명령한다는 조건에 따라 문장을 만들면, 모든 문장은 내심성 조건을 저절로 준수한다.
◎ 이동은 본질적이다. 모든 언어에 이동이 존재한다. 붙어 있지 않고 떨어져 있는 둘 사이의 관계는 이동으로 자질점검을 한다.
◎ 표지화는 연결을 반복하도록 명령하는 안내판이므로 모든 단위에서 핵은 오직 하나만 있어야 한다.
◎ 이동이 연결보다 큰 개념이므로 이동은 구성소에만 일어난다.
◎ 생략과 결속은 이동을 포함한다. 따라서 그 현상은 오직 구성소만 대상으로 한다.
◎ 표지화는 오직 하나만 핵으로 선택하는 성질을 가진다. 그 결과물은 한쪽으로만 퍼져나가는 계층구조이며 스스로 자기번식을 하는 생성구조이다.
◎ A-over-A 조건은 경로측정을 기준으로 최단거리를 선호하는 최소성 조건의 일종이다.
◎ 구조보존조건은 저절로 드러나는 성질이며, 따로 규정할 필요가 없다.
◎ 최대투사절점만 따져 경로측정을 하는 것은 BPS에 속하는 본질적 특징이다.
◎ 다중의문사구문은 최소성 조건을 준수하지 않는 예외적 구문이다. 경로측정을 하면, 다 똑같은 거리이다. 이런 경우, 둘 다 허용한다. 그러므로 이러한 경우도 경로-최소성으로 설명이 가능하다.
◎ 선형화(linearization)를 핵에 적용하면, 한쪽으로만 퍼지는 구문만 생기고, 양쪽이 겹치는 중복구문은 생길 수 없다.
◎ 연결에 표지화를 더하면 병합이다. 연결은 있고 표지화만 없다면 부가이다. 따라서 병합과 부가, 모두 BPS로 설명이 가능하다.

결론적으로 진화적 출현에 해당하는 FL의 모습을 그려보자. 모든 문법작용은 핵에 있는 본질적 범주자질에서 출발한다. 핵에만 붙는 표시화, 그리고 연결작업만 인정하면, 저절로 확대조건, BPS, 그리고 무한병합을 허용하는 계층구조가 생긴다. 또한 표지화, 연결, 복사를 더하면 성분통어, 이동, 구성소만 대상으로 보는 이동제약조건이 생긴다. 문법작업은 항상 세 가지로 압축하여, 연결, 복사, 표지화만 허용한다. 그러면, 결속구문과 통제구문을 이동에 입각하여 설명하도록 유도하는 결과를 낳게 되며, 서로 의존관계에 놓인 둘은 성분통어관계를 맺게 된다. 모든 문법작용(생략, 이동, 결속)은 반드시 구성소만을 대상으로 한다. 이동은 대체로 경로-최소성 조건을 준수하지만 항상 그러한 것은 아니다. 구조보존가설, A-over-A 조건, 다중의문문은 예외적으로 등거리에 해당하며, 이런 경우 둘 다 허용이 된다. 따라서 세 가지 문법작용(연결, 복사, 표지화), 그리고 하나의 기본원리(경로-최소성)를 가지면, FL에 해당하는 모든 자질을 설명할 수 있다.

4.3. 문법진화: 공시적 우선순위

다윈의 문제는 문법성과 비문법성을 구별하는 거리에 의존한다. 만일 그 거리가 멀고, FL이 복잡하면, 진화적 거리를 극복하기 위하여 매우 오랜 세월을 필요로 한다. 그러나 그 거리가 짧고 비문과 올바른 문장이 매우 간단한 수정으로 금방 바뀐다면, 진화에 걸리는 시간도 상대적으로 매우 짧아질 것이다.

이런 관점에서 보면, GB방식으로 문법설명을 하는 것은 두 가지 이유에서 문제를 일으킨다. 첫째, GB는 FL을 상당한 내적 복잡성을 가진 체계로 그린다. 여러 개의 모듈이 있고, 그들이 복잡한 상호작용을 하는 문법장치를 정당화하려면, 굉장히 오랜 세월이 걸려 진화가 일어난 것으로 보아야 한다. 문법이 복잡하면, 그럴수록 자연선택(selection)이 분기점에서 양자택일을 해야 하는 횟수가 점점 늘어나기 때문에 그 모든 작업에 걸리는 시간도 기하급수적으로 길어진다. 둘째, UG에 고유한 많은 원리와 작용들이 GB에만 존재하는 허구이며 그런 유사한 물질을 자연계에서 일반적으로 찾아보기 힘들다.

　예를 들면, 결속이론은 언어에만 존재하며, 자연계에는 없다. FL도 자연의 일부인데, 그 내부요소가 유난히 특별하고 보편성을 상실하면, 언어 이전의 초기상태에서 문법기반 언어로 나아가는 진화가 매우 까다롭고, 그에 걸리는 시간도 매우 길 것이다. 이러한 장애요소를 제거하고, 보다 진화론적 관점에서 받아들이기 쉬운 형태로 FL를 재구성하는 것이 우리의 주제이다. 이를 위하여 다음과 같은 새로운 개정작업이 필요하다. 첫째, FL를 모듈의 집합으로 보지 않는다. 모든 문법영역은 매우 기초적이며 동일한 문법작용의 결과물로 취급한다. 격을 주는 것과 재귀사를 결속하는 것을 문법적으로 다룰 때, 그 원리는 같고, 다만 그 자질이 다른 것으로 본다. 이런 관점을 도입하면, 모든 복잡성은 사라진다. 그렇게 되면 작업시간은 대폭 줄고, 다윈의 문제에도 긍정적으로 접근하게 된다. 둘째, 기본 문법작용은 자연계에 보편적으로 실재하는 물질이다. 인간만이 FL을 가진 유일한 존재이며, FL에 속하는 모든 요소가 인간만이 독점한 물질이라고 보기 힘들다. 인간은 다른 생물과 유기적으로 연결된 그물망의 부분이다. 새들이 반복동작을 하거나 노래를 부르는 것을 유심히 관찰하면, 그 안에도 내부적 원리가 있고, 그 근본바탕은 둘을 묶어 하나로 만드는 연결이며, 이러한 보편성은 인간에도 있고 다른 생물체에도 있다. 결론적으로 연결은 보편적 자연현상이다. 복사도 마찬가지이다. 많은 조류나 설치류는 몇 개의 음절목록을 가지며, 이를 연결하고 반복하여, 독특한 신호체계를 사용한다. 아무리 단순한 연산장치라도 이러한 기억용량은 가지고 있다. 연결과 복사는 모든 대상에 적용가능하다. 태초부터 존재하던 연결과 복사를 이용하여, 점점 진화를 거쳐, FL이 생겨났다고 보는 것이 합리적이다.

최소성 조건은 진화적 관점에서 볼 때 어떠한가? 떨어져 있는 둘을 정보 처리하는 것을 허용하는 연산장치이면 무엇이든 보편적으로 적용가능한 일반원리이다. 비국부적 의존성은 비용이 비싸다. 따라서 붙어있는 둘을 정보 처리하는 연산장치보다 더 많은 기억용량을 필요로 한다. 비용절약을 하려면, 가급적 기억용량을 최소화하고, 의존거리를 최단거리로 하는 것이 유리하다. 자연은 이익을 따라 움직인다. 그러므로 언어보다 훨씬 광범위한 세계에서 비국부적 관계를 통제하는 연산장치는 저절로 최소성 원리를 따르게 된다. 이러한 최소성 원리를 가리켜 Chomsky(2005a)는 제3 요인자질(third factor feature)이라고 부른다. 보편문법은 지극히 미미한 부분이고, 대부분은 자연계에서 보편적으로 존재하는 일반원리인데, 이러한 생물학적 일반원리에 속하는 것이 최소성 또는 경제성 원리이다.

그런데, 경로-최소성은 약간 달라서, 그 일부 자질은 자연계에는 없고 언어현상에만 존재한다. 거리를 따질 때, 경로를 Boolean 산정방식으로 최단거리를 결정한다. 그런데, 자연계에서는 이런 일이 드물다. 따라서 이 작업은 언어작업을 할 때에만 쓰도록 특별히 고안된 장치이며, 기억용량을 절약하기 위한 선택이라고 보는 게 옳다. 언어적 대상물만 가지고 거리측정을 하는 특별한 방법이 경로이다. 표지가 붙은 계층구조에서 이동거리를 재려면, 그 이동구간에 위치한 모든 최대투사절점을 세어보고, 거리를 비교하여 측정하는 것이 유일한 방법이다. 이는 자연이 허락하는 유일한 방법이라는 뜻이다. Boolean 산정방법은 매우 기초적 개념이므로 모든 조건이 같다면, 항상 그 방법을 써야 한다. 경로-최소성은 언어에만 고유한 원리이지만, 그럼에도 불구하고 기억용량을 가장 절약하는 방법이다. 이런 의미에서 경로-최소성도 FL에 속한다고 볼 가치가 있다.

이제 정리해보자. 연결, 복사, 경로-최소성은 일반적 인식에 적용하는 제3

요인자질의 반영물이면서, 자연계에 널리 쓰인다. 일단 기초작용이 존재하므로, 그 다음 단계로 내심적 표지화(endocentric labelling)가 일어날 여지가 생긴다. 내심적 표지화도 역시 일반적 자연원리로 보아야 맞을 것 같다. 더 구체적으로 보면, 계층구조도 자연계 어디든지 존재한다. 새의 노래는 음절구조가 계층구조이며, 개미무리가 신호를 만들 때에도 계층구조를 이용한다. 그러나 반드시 핵이 하나만 있어야 한다는 내심성 원리는 보편적이지 않다. 내심성을 어기는 계층구조가 자연계에 숱하게 많다. 그러므로 언어에만 고유한 내심성원리를 제1요인자질이라고 따로 분리한다. 이것은 FL이 생길 때 새로 첨가한 생물학적 혁신(biological innovation)이라고 보자.

그렇다면 다윈의 문제에 어떻게 대답할 것인가? 대답은 다음과 같다. 맨 처음 연결과 복사를 자유자재로 하는 유기물이 있었다. 그 다음 핵이 항상 하나만 있는 내심적 표지화를 수행한다. 그러다 갑자기 돌발적으로 계층구조의 무한반복이라는 성질이 튀어나온다. 거기에 비국부적 의존성(이동한 요소가 원래자리와 가지는 의존관계를 지칭)을 덧붙이고, 제 3요인자질에 따라 연산작업을 하면 경로-최소성을 낳게 된다. 이런 식으로 작업을 하면, 따로 복잡성을 가지지 않아도 저절로 UG방식의 연산작업이 진행된다. 인류가 처음 FL을 획득하게 된 계기는 내심적 표지화라는 단 하나의 창조물 때문이다.

다른 요소는 모두 기존에 있던 것을 재활용한 것이다. 딱 하나만 추가하여 오븐에 넣고 5만년이라는 세월을 투자하여 구우면, FL이라는 열매를 얻게 된다. 오로지 내심적 표지화만이 인간언어를 태동시킨 핵심적 요소이다. 그렇다면, 매우 느리고 유장한 진화의 역사에서 FL이 돌연변이처럼 모습을 나타낸 것도 당연한 일이다. 단 하나의 씨앗을 뿌려 거둔 열매이기 때문에 시간이 별로 오래 걸리지 않는 것이다. 비록 겉으로 보기에는 매우 복잡한 FL이지만, 진화론적으로 보면 장기간 모델보다 단기간 모델이 더 잘 어울린다.

4.4. 다윈의 문제와 최소주의 프로그램

최소주의 프로그램은 여러 각도에서 지지를 받는다. Hornstein(2001)에서 오캄의 면도날을 이용하여, GB보다 훨씬 간단해진 문법이론을 만들 수 있다는 점을 주장한 바 있다. 가급적 이론을 단순화하면, 비용이 적게 들고, 하나의 문법원리가 더 많은 작업을 하기 때문에 바람직하다. 만일 해석원리를 없애고 이동으로 통합시켜 모든 현상을 설명할 수 있다면, 해석원리를 지탱하는 모든 가설을 다 제거할 수 있다. 따라서 문법이론은 줄이면 줄일수록, 하나의 원리가 담당하는 경험적 작업량이 더 많아진다. 그러므로 경제적 이론이 더 미덕이라는 것은 명백하다. 이는 최소주의와 일맥상통하므로, 자연계 어디든지 최소주의는 당연한 진리이다.

다윈의 문제를 풀려는 관점에서 보면, 단순화는 방법적으로 미덕일 뿐 아니라, 경험적으로도 미덕이다. 이론이 간단하면, 진화를 설명하기가 더 쉽다. 모든 이론은 공시적 기준으로 우선순위가 있다. 공시적 우선순위(diachronic priority)는 달리 말하면, 공간적으로 먼저 존재했던 물질로 보인다는 말이다. 주어개념을 예로 들어보자, 일반적으로 주어개념과 행위자개념은 같이 동반하지만, 때에 따라 따로 분리될 수 있다. 주어는 문법이론 내부에서 결정하며, 행위자라든지 가장 왼쪽에 오는 자라는 개념은 문법과 아무 상관도 없다. 그런데, 진화론적 시각으로 보면, 행위자개념은 주어개념보다 선행한다. 그런 개념이 먼저 길을 안내하여 학습자로 하여금 문법 안으로 들어가도록 선도한다. 플라톤의 문제를 풀려면, 이와 같이 진화론적 우선권을 가진 개념을 먼저 두고, 그에 기초하여 UG의 핵심원리로 유도해야 한다.

같은 취지에서, UG의 모든 이론은 FL의 출현에 대한 진화론적 설명을 자연스럽게 밑바탕에 깔아줄 것을 요구한다. 언어 이전의 인식능력으로부터 추출한 연산원리를 재활용한 것이 바로 FL이라고 보는 것이 개념상 바람직하다. 진화의 방식은 바로 재활용이기 때문이다.

　UG의 근원(primitives)은 인간이 언어를 배울 때 맨 처음 입문하는 시작점(natural entry points)을 제공한다. 자연계 어디든지 있는 보편적 요소는 먼저 존재하고, 언어에만 있는 독특한 요소는 나중에 존재한다고 본다. 이와 같이 기존원리를 재활용하고, 새롭게 첨가한 원리를 합한 것이 UG이며, FL의 자질을 설명해주는 원리이다. Chomsky(1965)의 용어대로 말하면, UG가 FL을 잘 설명하면, 그 문법은 기술적 타당성이 있다. GB가 문법에 대한 밑그림을 제공한다고 보면, 그 다음으로 연구할 과제는 어떻게 하면 초기상태로부터 GB를 추출할 것이냐 하는 질문이다. 최소주의는 GB가 왜 타당한지 그 근거를 제공하는 배경그림이다. 따라서 GB가 전적으로 틀린 것도 아니며, 최소주의로 GB를 대신하려고 하는 것도 아니다. 진화의 과정에서 보면, 최소주의는 먼저 선행하고, GB가 후행하는 선후관계에 있다.

　최소주의가 UG의 근원을 낳고, 거기에서 출발하여 각종 원리들이 생겨난다고 가정하자. 이론적으로 두 가지 일감이 남아있다. 하나는 GB 내부에 있는 다양한 모듈을 줄이고 단순화하는 작업이다. 다른 하나는 GB의 개별 원리를 잘게 부수어, 작은 입자들로 바꾸는 작업이다. 그 입자들은 뇌에 진짜 존재하는 물질이어야 하며, 자연계에서 보편적으로 발견되는 연산장치이어야 한다.

4.5. 입도 문제(Granularity Problem)

　Embick & Poeppel(2005b)는 최소주의를 지지하는 다른 근거를 제공한다. 언어이론과 뇌생리학을 비교하면 서로 일치하지 않는다. 각각을 따로 보면 그럴싸한 이론을 제공하지만, 둘을 매끄럽게 연결하기가 힘들다. FL은 뇌의 생물학적 구조와 불가분의 관계를 맺고 있기 때문에, 언어학자들은 문법과 뇌에 존재하는 생물학적 구조물을 직접 연결시켜 코드를 맞추는 문제를 탐구하기 시작했다. 그들의 연구결과에 따르면, FL의 근원(primitives)에 해당하는 물질을 뇌에서 발견하기는 어렵다. 언어학과 뇌생물학이 만나는 지점이 어디인지 실물로 보여주어야 한다는 것이 그들의 주장이다. 가장 적절한 후보로 떠오른 것은 신경회로(circuit)이다.

회로는 간단한 연산작업을 하는 뇌구조물이다. 뇌에 입자모양으로 존재하는 원자를 찾아내는 첫걸음으로 뇌에 실제로 존재하는 계산기를 문법적으로 설명하는 것이다. 매우 일반적으로 분포되어 있고, 간단한 연산을 처리하는 회로들이 모여서 궁극적으로 어떤 문법적 작용을 도출하는지 알아보자. 이 방식은 최소주의라는 배경그림과 잘 어울린다. 이제부터 문법원리를 잘게 부수고, 그 기본단위를 원자라는 형태로 만들어, 그 하나하나를 재료로 삼아, 뇌에 있는 회로를 만들기로 하자.

최소주의에 의해 가급적 문법이론을 간단하게 만들기, 이론이나 원리를 잘게 부수어 자연계에서 흔히 보는 작은 원자로 만들기, 그리고 진화에 맞도록 복잡성을 없애고 간단한 일반원리를 재활용하기는 하나의 목적을 지향하고 있다. 다윈의 문제나 입도의 문제는 이제 연구를 막 시작했을 뿐이며, 갈 길이 멀다. 그러나 플라톤의 문제가 문법원리를 발견하는 방향타 노릇을 했던 것처럼, 다윈의 문제와 입도의 문제는 단순화를 촉진하는 지침이 될 것이며, 초기상태에서 점점 그 모양을 분명히 갖추어가는 변화를 추적하는 기반이 될 것이다. 또한 진화를 염두에 두고, 어떻게 하면, 점점 더 자연에 가깝고, 경제적 개념으로 깊숙이 들어갈 것인지를 고민하게 될 것이다. 연결, 복사, 표지화는 자연계와 FL을 이어주는 기본 작용이다. 입도 문제를 풀려면 뇌에서 수용가능한 적당한 크기는 얼마인지가 중요하다.

4.6. 결론 및 요약

연결, 복사, 표지화, 경로-최소성 조건으로 이루어진 FL은 UG, 또는 GB의 다양한 특징을 보여준다. 게다가, 표지화만 제외하면, 모든 작용이 자연계에 일반적이고 보편적인 현상이며, 언어에만 나타나는 특별한 작용이 아니다. 따라서 표지화를 특별히 주목할 필요가 있다. 말을 못 하는 원숭이 단계에서 말을 하는 유인원 단계로 진화할 때, 표지화가 생긴 것으로 보인다. 여기서 언급하지 않는 중요한 작용이 있는데, 바로 AGREE이다. 최소주의에 기초한 많은 분석에서 중대한 역할을 하며, 장거리 자질점검에 쓰이는 AGREE는 어떻게 보아야 하는가? AGREE는 UG에 포함시킬 수 없고, 또한 이론상 그 개념을 굳이 넣을 필요도 없다고 본다.

4.7. 부록

왜 Copy account를 버리고 Move account를 쓰는가?

◎ 오캄의 면도날: Move=Merge+연결
이것만으로 다 설명한다. 필요도 없는데, 굳이 Copy를 더하여 복잡성을 더할 필요가 없다. Move는 하나만 있고, Copy는 이동한 요소와 그 원래 자리라는 두 요소를 관련지어야 하므로 Copy가 더 복잡하다.
◎ 표지화가 끝나면, 그 자체가 원자(atom)가 된다. 그런데 Copy는 일부만 가지고 하는 작업이다. 따라서 Copy없이 Move만 가지고 설명하는 게 좋다.
(1) Copy account를 따르면 atomicity 위반: α가 두 개이므로 원자 C 내부에서 두 개의 관계를 따지면, 원자는 하나의 단어이고, 내부 작업을 금지한다는 원리를 위반하게 된다.

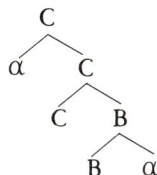

(2) Move account를 따르면 재연결: 다중관할(multi-domination)은 아무리 많은 XP를 만들어도 상관이 없고 항상 올바른 문장을 만든다. 다만 이동할 때 바로 위에 그대로 붙지 말고, 반드시 XP를 하나 더 만들어 이동한다. 이 그림에서 흔적을 남기지 않고 그냥 이동하면, α는 하나이다. 따라서 하나의 원자 C는 그대로 작업을 종료할 수 있고 α를 둘러싸고 추가 작업을 할 필요가 없다. 그런데, 흔적을 만일 남긴다면 작업대상이 두 개이므로 원자성(atomicity)을 어기고 내부작업이 필요해진다. 따라서 복사를 하여 흔적을 남기는 것보다 흔적 없이 그냥 이동만 하는 것이 옳다.

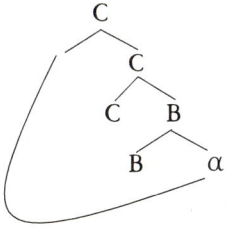

(3) 핵이동(B의 이동): 핵이 다른 핵과 병합하여, 어휘적 병합(incorporation)이 일어난다. 이러한 핵이동은 극히 일부의 언어, 가령 아프리카 언어에만 존재한다. 또한 핵이동이 복합동사를 만들 때 필요한 경

우에도, 단 한번만 적용한다.

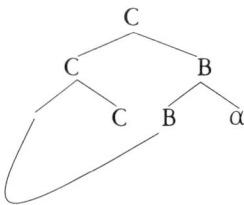

(4) D와 B가 만나 표지화(D)를 하면, 이미 원자로 굳어진 형태, 따라서 추가 작업이 불가능하다. 그러므로 먼저 α와 B를 연결하고, B라는 표지화를 끝낸 다음에, 그 B가 D를 만나 다시 연결 작업을 해야 한다. 만일 거꾸로 작업하여, 위에서 아래로 작업하면, 확대조건 위반이며 원자성 원리위반이다.

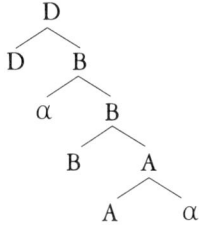

(5) 표지화=원자(atom)=확대조건=완전동일 관계(is a 관계)
D와 B가 먼저 병합하면 경로가 하나 더 생기고 <D, B, A>. 따라서 α가 먼저 이동하고, 나중에 D를 B에 붙이는 게 더 가깝다. 이러면 경로는 <B, A>. 만일 D와 B를 먼저 붙이면 표지 D가 붙고, α가 이동할 때 도착점 표지는 D가 되므로, 경로는 <D, B, A>이다. 따라서

결론적으로 제일 좋은 방법은 이동을 먼저 하고 병합은 나중에 하는 것이다.

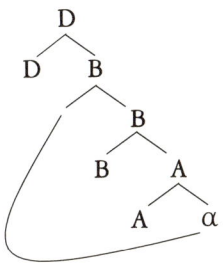

(6)과 (7)의 비교: 핵이동

  핵이 핵으로 이동하면 확대조건 위반

  경로를 따지면 (7)과 같은 측면이동(sideward)은 <B>, (6)과 같은 핵이동은 <B, C>이다. 따라서 결론적으로 측면이동만 허용된다.

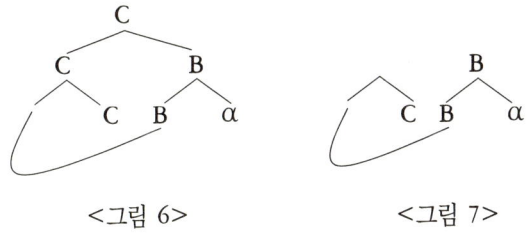

<그림 6>　　　　　<그림 7>

(8) 끼어들기(Tucking-in)가 왜 나쁜지 설명하는 문제

  표지가 붙으면 이미 하나의 단어이며 원자, D와 B가 먼저 병합하고, 그 내부에서 끼어들기가 일어나면 원자성 원리(atomicity)를 위반한다. 따라서 이동은 항상 그 구조물의 맨 가장자리로 이동하여야 한다.

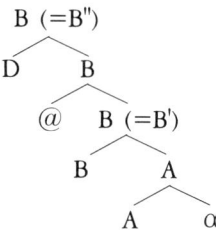

(9) multi-domination account=no copy, no atomicity

multi-domination을 한 개만 만들든, 여러 개를 만들든 상관없이 이동이 가능하다. 전부 하나의 원자로 대하기 때문에 이동경로를 따질 때에는 똑같이 하나의 경로이다. 따라서 어느 자리를 표적(target)으로 삼든 상관이 없다. 본래 순수한 multi-domination 입장은 원자성을 따지지 않기 때문에 어느 자리로 이동하든 상관이 없다. 그러나 그런 경우에는 끼어들기(tucking in)도 얼마든지 가능하다. 그러므로 그냥 순수하게 multi-domination account만 채택하면, 당연히 생겨나는 문제점은 끼어들기를 막을 수 없다는 것이다. 따라서 이런 문제를 없애려면, 원자성(atomicity) 원리를 반드시 채택할 필요가 있다.

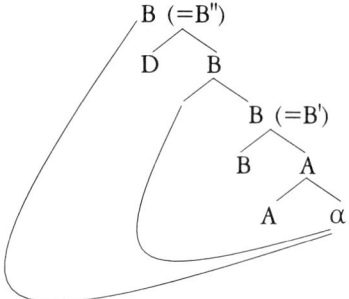

4.8. 요약

(1) FL와 UG

　FL은 기본항목(basic inventory)이며 진화적 출현이다. 단기간 출현이므로 거의 모두 자연계 일반원리를 재활용하고, 단 하나만 새로 추가하여 만든 진화의 산물이다. 모든 문법작용은 핵에 있는 본질적 자질(범주자질)에서 출발한다. 핵에만 붙는 표지화, 그리고 연결만 있으면, 저절로 확대조건, BPS, 무한병합이 가능한 계층구조가 생긴다. 그리고 표지화, 연결, 복사를 더하면 저절로 성분통어, 이동, 구성소만을 대상으로 하는 이동제약이 생긴다. 따라서 문법작용은 항상 세 가지로 압축하여 연결, 복사, 표지화만 허용한다. 이동은 경로-최소성 조건을 준수하지만, 언제나 그러한 것은 아니다.

　예외적으로 등거리이면 어느 이동이든 둘 다 허용한다. 구조보존가설, A-over-A 조건, 다중의문문이 그러한 경우이다. 따라서 세 가지 문법작용, 그리고 하나의 기본원리(경로-최소성)를 가지면 FL에 속하는 모든 작용을 설명한다.

(2) 다윈의 문제(진화론)에 대한 대답: 진화의 순서

　태초에 연결과 복사를 자유자재로 하는 유기물이 있었다. 그 물질은 다음 단계로 항상 핵이 하나만 있는 내심적 표지화를 수행한다. 그러다 어느 날 갑자기 무한병합이라는 성질이 튀어나온다. 거기에 비국부적 의존성을 더하고, 최단거리 이동을 찾기 위한 연산작업을 하면 저절로 경로-최소성이 생긴다. 아무런 복잡한 문법모델이 없어도 저절로 문법작용이 가능하다. 인류가 처음 FL을 획득한 것은 단 하나의 계기 때문이다. 오로지 내심적 표지화만이 언어에만 고유한 것이며 나머지는 자연계에 보편적인 일반원리이다. 따라서 감각

기관은 장기간 진화를 거친 것인 반면에 FL은 단기간 진화를 거친 것이다.

(3) 진화론과 최소주의 프로그램

일반적으로 문법이 단순하면 방법적으로 미덕이다. 게다가 단순한 문법은 진화론적으로 보아도 미덕이다. 왜냐하면 단순한 문법은 진화론적으로 단기간에 획득할 수 있고 언어능력이 돌연변이에 의한 것이라는 점을 더 잘 설명할 수 있다. 진화론적으로 볼 때 어느 것이 먼저 오고, 어느 것이 나중에 생긴 것인지를 설명하는 것을 공시적 우선순위(diachronic priority)라고 한다. 행위자개념은 주어개념에 진화론적으로 선행한다. 또한 최소주의(minimalism)는 선행하고, GB방식의 문법은 후행한다. 최소주의는 기본항목(basic inventory)의 근원자질(primitive)을 정해주고, 그로부터 저절로 모든 문법작용과 원리들이 생긴다.

(4) 입자(Granule)

인간의 뇌에서 실제로 문법원리에 해당하는 것을 발견할 수 있는가? 현재 가장 유력한 후보는 뇌에 있는 신경회로이다. 그런데, 언어학과 생리학을 붙이고 코드 맞추기를 하려면 작업의 기본단위가 다르면 곤란하다. 따라서 원리를 잘게 부수고 쪼개어, 작은 입자로 만들어야 한다. 그것은 FL의 근원자질(primitive)에 해당하는 유기적 물질이다.

FL은 연결, 복사, 표지화, 경로-최소성 조건으로 이루어진 물질이다. 표지화만 제외하면 모든 작업이 기존의 것을 재활용한 것이다. 오로지 표지화에 의존하여 FL이 생겼기 때문에 단기간에 그런 능력을 획득한다. 말을 못 하는 원숭이와 말을 하는 유인원은 표지화에 의하여 분기점이 갈라진 것으로 보인다.

5

이동
Move

5.1. 서론

앞장에서 기술한 기본적인 운용 가설들은 자질점검을 포함하지 않는다. 그런데 초기 최소주의에서부터 일치(agreement) 개념이 다양한 형태로 문법의 기본적 요소로 자리해 왔기 때문에, 기본 운용들이 자질점검을 포함하지 않는다는 본서의 제안은 최소주의 배경과 상반되는 듯하다.[60] 일치를 기본운용으로 택해야 했던 이유는 일치현상이 자연언어에서 편재하기 때문이다. 예를 들면, 주어는 서술어와 일치하고 선행사는 자신의 의존어와 일치하고, 종속절의 시제는 주절의 시제와 일치하고 수식어는 수식을 받는 어구와 일치한다. 따라서 대부분의 문법이론은 기술적으로 문제가 있음에도 불구하고 일치구조를 생성하는 운용을 포함해야 했다.

---

60) 생성문법뿐 아니라 대부분의 비생성문법도 일치현상을 문법을 구성하는 기본적 요소로 다루었다.

최소주의 문법도 일치구조를 생성하는 운용을 포함하고 있는데, 두 입장으로 나눌 수 있다. 첫 번째 입장은 일치를 단순히 언어에 편재하는 현상으로 다루지 않고, 문법에서 매우 중요한 운용으로 다룬다.[61] 특히 Chomsky (1993) 이후 최소주의에 따르면, 운용들은 적용할 수 있기 때문이 아니라(예, GB이론), 적용되어야 하기 때문에 일어난다. 이것은 운용이 적용될 때 비해석성 자질을 점검해야 할 것을 요구하는 이기성원리에서 잘 표현됐다. 일치는 자질을 점검하는 과정이기 때문에 최소주의는 일치를 문법의 핵심운용으로 다룬다. 두 번째 견해는 최근의 최소주의에서 나타나는데, 일치가 이동보다 좀 더 근원적인 운용이며, 이동은 일치를 하위부분으로 포함하는 복합운용으로 분석한다. 특히 *일치*(AGREE)라는 운용을 통해서 장거리에 있는 두 요소가 관계를 가질 수 있게 한다. 즉 B를 성분통어하는 핵 A가 B의 자질들을 탐침할 수 있고 일치자질들을 점검함으로써 A와 B를 연결할 수 있게 한다. 여기서 A가 B와 일치하는 자질 이외의 자질, 예를 들면 EPP자질이 있다면 B가 A의 지정어 자리로 이동한다.

　*일치*는 종종 형태적으로 나타나지 않기 때문에 추상적 개념이다. 하지만 이러한 추상적 개념이 최소주의에서 처음 제안된 것은 아니다. 초기 GB이론에서 격할당이 적용될 때도 격이 형태적으로 나타나지 않지만 적용되는 것으로 보았다. 비슷한 시각으로 최소주의도 일치가 형태적으로 표현되지 않지만 *일치*가 적용된 것으로 본다.

　일치(AGREE)는 예전의 일치(agreement)와는 다르다.[62] *일치*가 초기 일치 개념들과 가장 다른 점은 *일치*는 장거리 일치를 허용하는 것이다. 이전까

---

61) LFG, GPSG, 또는 HPSG에서는 일치를 현상이라기보다는 하나의 문법적 운용으로 설명했다. 그런 점에서 AGREE를 기초로 한 최소주의는 이들 문법의 통찰력을 받아들였다고 볼 수 있다.
62) AGREE는 장거리 일치를 의미하고, Agree는 국부적 자질점검을 의미한다.

지는 일치가 국부적으로만 적용되었다. 예를 들면, Chomsky(1993, 1995)에서는 일치가 핵 영역 안에서만 일어났다. GB도 같은 입장으로 장거리 일치가 일어나는 존재구문(Existential Construction)을 설명하기 위해서 LF에서 관련어가 일치자질을 가진 핵의 지정어 자리로 비외현적 이동을 한다고 주장했다. 이와 같은 경우에, 국부적인 관계가 비외현적 이동으로 이루어지기 때문에 겉보기에는 국부성이 결여된 듯 해 보이나 실제로는 그렇지 않다는 것이다. 따라서 현대이론에서는 이동이 일치를 전제하는데 반하여, 초기 이론들은 일치가 자질점검에 필요한 국부적 관계를 만들기 위해서 이동을 필요로 한다고 주장했다. 이 장에서는 초기 주장이 개념적으로나 경험적으로 더 타당하다는 제안을 한다.

5.2. *일치*(AGREE)에 관하여

5.2.1. Move와 *일치*의 잉여성

위치이탈(displacement)은 자연언어에서 편재하는 현상이다. 위치이탈은 어떤 한 표현이 외현적 통사부에서의 자리와 의미역을 받는 자리가 다를 때 발생한다. 전형적인 예로 수동화와 Wh-이동을 들 수 있다. 위치이탈을 한 표현들은 위치이탈을 하지 않았을 경우와는 다른 자리에서 음성적으로 표현된다. 예를 들면 *What did John eat?*이라는 질문에 답으로 *John ate a bagel.*이라고 대답한다. 위치이탈은 자연언어에 널리 퍼져있는 현상으로 최소주의 프로그램이 처음 시작된 이래 지금까지 통사론자들의 주된 관심사이다.

위치이탈에 대한 최소주의의 설명은 두 종류이다. 초기 최소주의 (Chomsky 1995a)는 위치이탈을 기능적 목적을 위해서 존재하는 "불완전성" (imperfection)으로 다루었다. 요점은, 다른 상황이 같다면, 이동은 피해야만 한다는 것이다. 이유는 병합은 개념적으로 필요한 것(virtually conceptually necessary: VCN)이지만 이동은 그렇지 않기 때문이다. VCN 운용이 비용이 적다고 가정하면, 이동은 VCN이 아니기 때문에 비용이 더 드는 것으로 간주하는 것은 당연하다. 그렇다면 이동이 비용이 더 드는 운용임에도 불구하고 왜 이동이 적용되어 자리를 이탈한 구조를 만들어 내는가? 그것은 PF나 LF 접합점들이 자신의 목적을 위해서 문법에 요구하기 때문이다. 예를 들면 어떤 한 요소가 영역의 가장자리로 위치이탈을 했다면 LF 접합점은 특별한 해석만(예, 초점이나 화제)을 연산한다. 따라서 이동이 비용이 더 들기는 하지만 LF 접합점 조건을 만족하기 위해서 문법이 요구한다.

후기 최소주의는 위치이탈을 병합의 일종(species)으로 다루었다. 따라서 이동 역시 VCN 운용이므로, 이동이 병합보다 비용이 더 든다고 할 수 없다. 병합은 두 형태로 나타난다. 외부병합은 기존의 병합과 같고 내부병합은 이동으로 불리던 것을 의미한다. 중요한 것은 이동과 병합이 다른 운용이 아니고 같은 운용을 다르게 적용한 것이다. 따라서 위치이탈이 다른 인지체계의 조건 때문에 존재하는 것이 아니라, 잘 구성된 문법에서 나타나는 당연한 현상이다.[63]

위치이탈에 대한 위와 같은 두 견해 중 어느 것이 더 타당한가는 여기서 논외로 한다. 단지 후기 최소주의에서 이동이 병합의 일종이라는 가정은 *일치*(AGREE)가 Move(또는 Internal Merge)보다 더 근원적인 운용이라는 가정과 모순됨을 지적하고자 한다. 즉, 이동은 VCN 운용인 병합의 일종이기 때문에 어떤 문법도 이동을 반드시 포함해야 한다. 따라서 UG의 핵심적 운용인 병합은 한 요소를 다른 곳으로 이동함으로써 (또는 내부적으로 병합함으로써) 비국부적 표현들을 연결하기에 충분하다. 그럼에도 불구하고, *일치*라

---

[63] Collins(1997)과 Hornstein(2001)은 Move를 두 개의 VCN 운용, 즉 Merge와 Copy의 결과로 다루었다.

는 운용을 문법에 추가적으로 더 설정하여, 이동 없이 두 개의 비국부적 요소들을 연결시킨다. 이와 같은 이론은 개념적으로 다음과 같은 잉여성을 초래한다. UG가 FL에 장거리 의존성을 설정하기 위해서 두 개의 다른 방법, 즉 이동과 *일치*를 허용한다. 이와 같은 잉여성은 개념적으로 최적이 아닐 뿐 아니라 또한 완벽한 체계로부터 기대할 수 있는 것도 아니다. 더욱이 내부병합이 *일치*에 의존한다면, 위치이탈을 하지 않고도 *일치*만으로 설명할 수 있어야 하는데, 왜 위치이탈이 자연언어에 편재하는지는 신비로 남게 된다. 요약하면 다음과 같은 개념적 수수께끼가 있다. 만약 이동이 공짜로 주어지는 것이라면 이동으로 장거리 관계를 충분히 설명할 수 있는데도 불구하고 왜 *일치*라는 운용이 부가적으로 필요한가? 또는 반대로, 만약 UG가 *일치*를 포함하고 있고 *일치*가 Move보다 비용이 저렴하다면 왜 위치이탈이 일어나는가? 따라서 문법은 *일치*나 Move 중 하나만 포함해야 하고, 이동은 접합점 조건 때문에 생겨난 "불완전성"이던지 아니면 개념적으로 꼭 필요한 요소이던지 둘 중 하나이어야 한다. 다시 말해, 이동이 개념적으로 꼭 필요한 운동이라는 가정과 이동이 *일치*보다 비용이 더 든다는 가정은 개념적으로 서로 양립할 수 없다.[64]

5.2.2. *일치*없이 I-일치를 설명하는 세 가지 방법

이동(Move/Internal Merge)과 *일치* 둘 다를 포함하는 문법이론을 반대하

---

[64] 여기서 *일치*(AGREE)가 이동/내부병합과 잉여적이라고 할 때 주의할 것은 장거리 운용의 경우만 의미한다. 국부적 관계에서 자질점검만을 하는 일치운용(Agree라고 부르자)은 이동과 상당히 다르다. 위의 제안이 Agree와 같이 자질점검을 허용하는 운용을 반대하는 것은 아니다. 일치현상이 자연언어에 편만한 것을 고려하면 누구도 이것에 반대할 수 없다. 여기서는 개념적으로 이동과 잉여적인 특성을 가진 장거리 운용인 *일치*를 반대하는 것이다.

는 데는 추가적인 이유가 있다. *일치* 없이 Move만으로 I(nverse)-일치를 설명할 수 있는 방법들이 있는데. *일치*를 UG에 추가하면, 이것은 UG에 I-일치를 생성하기 위한 방법들을 너무 많이 허용하게 된다. 이것은 방법론적으로 바람직하지 않고, 학습성(learnability) 문제도 야기한다. 예를 들어 보자.

일치 설정에 동기를 제공한 경험적 증거는 I-일치가 나타나는 경우로 영어의 존재구문이 전형적인 예문이다. 아래 예문에서 주절동사와 종속절의 관련어 사이에 수의 일치가 있는 것에 주목하라.

(1) There **appears/appear** to be **a mouse/mice** in the room.

최근 최소주의에는 *일치*와 같은 장거리 자질점검 운용을 설정하지 않고도 (1)를 설명할 수 있는 방법들이 있는데 여기서는 세 가지의 방법을 살펴보겠다.

첫 번째 방법은 초기 최소주의(Chomsky 1993, 1995a)에서 제안된 비외현적 이동(covert movement)이다. 이 방법은 최근에 와서 버리게 되었는데 그 이유는 최근 최소주의는 다중 문법순환을 인정하지 않기 때문이다. 이것은 *일치*가 LF이동을 대체할 수 있다는 전제에 기초하는데, 사실 이러한 결론은 논쟁의 여지가 있다.

LF를 없애는 대가로 *일치*와 같은 부가적인 운용을 첨가한다면 그것은 결국 순환의 수를 줄이는 대신 운용의 수를 늘이는 것과 같다. 그렇다면 어느 한쪽의 입장이 다른 쪽의 입장보다 개념적으로 더 우수하다고 할 수 없다. 더욱이, 다중순환을 반대하는 입장은 일단 I-일치를 위한 비외현적 이동을 제거하면 그때는 더 이상 LF가 필요하지 않다고 가정한다. 다시 말해, 그들은 문법에서 LF의 존재 이유가 단지 경험적으로 비외현적인 I-일치 때문인 것으로 가정한다. 그러나 그렇지 않다. 많은 LF 운용들이 일치현상과 관련이 없다. 따라서 *일치*가 LF를 제거하는데 충분한 것인지, 또한 문법의 단순순환에 대한 바람이 *일치*를 설정하는 동기가 될 수 있는지는 논쟁의 여지가 있다.

그럼에도 불구하고 문법은 단순순환이어야 한다고 가정하자. 그래도 *일치*를 설정하지 않고 I-일치를 설명할 수 있는 또 다른 두 가지 방법이 있다. 그 첫 번째로는 이중구조(doubling structure) 개념을 좀 더 폭 넓게 적용하는 것이다. Sportiche(1988)가 장거리 관계를 설명하기 위해서 처음으로 이중구조를 제안했는데, 그에 따르면 장거리 관계는 이중구조를 구성하는 한 요소가 이동하여 생긴다. Sportiche의 이중구조 설명은 이중구조 안에 있는 한 요소가 외현적으로 이동을 하기 때문에 단순순환 이론과 일치한다. 다음 절에서 이와 같은 방식으로 존재구문을 분석하는 방법을 제시하겠다. 존재구문이 *일치*를 지지하는 경험적 자료로 오랫동안 사용되었기 때문에 이 새로운 제안은 특별한 의미가 있다.

Sportiche의 이중구조를 외현적으로 이동자가 없는 경우에까지 확장할 수 있다. 즉 이중구조의 요소 중 *there*에 해당하는 요소가 소리가 없는데, 그 소리가 없는 요소가 이동한다. 즉, 공대명사(null pro)가 DP와 병합하여 일치하고, 자신과 일치하는 α의 지정어 자리로 이동한다.

(2) [...[pro1 α^0 ...[t1 DP]...]]

표면적으로 보면 이것은 장거리 일치와 같다. 정리하면 Sportiche의 이중구조와 pro와 같은 공대명사류가 가능하다면, 단순순환을 가정한다고 해도 최소이론이 이동만으로도 *일치*의 효과를 설명할 수 있다.

최근 최소주의는 *일치*를 설정하지 않고 장거리 일치를 설명할 수 있는 또 다른 방법을 제안했다. 즉 표현을 이동한 후 하위 복사를 발음하는 방법이 제안되었다. (3)에서 상위 DP가 α의 자질을 점검하지만 발음은 하위 복사가 된다.

(3) [...[DP α...DP...]...]

(3)은 장거리 일치 효과를 이동으로 설명한다. 여기서 이동은 외현적이기 때문에 단순순환 이론과도 일치한다. 또한 이와 같은 도출은 오늘날 모든 최소주의 이론이 인정하는 이동의 복사이론에서 볼 때 매우 전통적이다. 이동의 복사이론은 두 부분 즉, 이동 운용과 어느 복사가 발음될 것인가를 정하는 과정으로 구성되었다. 일반적으로 격이나 EPP 자리에 있는 복사가 PF접합점에서 해석되는 것이기 때문에 격이나 EPP자리에 있는 복사가 발음되어 진다고 본다. 그러나 물론 그것이 일반적인 경우이지만 유일한 가능성이 아님이 최근에 밝혀지고 있다. 하위복사나 다중의 복사들이 음성적으로 해석되어지는 경우가 있다.[65] 따라서 최근의 복사이론은 복사를 발음하는 원리가 무엇이든지 그것과 함께 *일치* 없이도 장거리 일치를 설명하기에 충분하다.

지금까지 *일치* 없이 장거리일치 현상을 설명할 수 있는 세 가지 방법을 제시했다. 이동이 UG에서 필요한 운용이라면, 이동만으로 *일치* 없이 일치현상을 설명하는 방법들이 있기 때문에 *일치*를 옹호하는 경험적 주장은 특별히 설득력이 있어야한다.

*일치*를 주의 깊게 다루어야 하는 이유 한 가지를 더 살펴보자. 제 2장에서 성분통어 개념은 문법적 근원(primitive)이 아니라고 주장했다. 그런데 *일치*는 탐침과 목표 사이의 관계로, 탐침이 목표를 성분통어 할 때만 *일치*가 가능하기 때문이다. 즉 *일치*에서는 성분통어를 UG의 근원적 자질로 다루어

---

[65] 이와 같은 제안은 Lidz와 Idsardi(1998)에서 처음으로 제안되었다. 좀 더 최근의 주장으로, Hornstein과 Nunes(2008), Nunes와 Boskovic(2007)를 참조하라.

야 한다.[66] 이것은 성분통어를 근원으로 다루기보다는 도출할 수 있는 개념으로 보는 현재의 문법이론과 상충한다.

성분통어를 문법의 근원으로 본다면 두 가지 문제가 발생한다. 첫째는, 탐색영역을 탐침의 자매로 제한하는 것이 탐색영역을 제한(restrict)하기는 하지만, 한정(bound)하지는 않는다. 즉, 약국면(weak phase)들은 투시적이고 약국면의 최대수가 제한이 없기 때문에, 탐침의 탐색영역과 탐침이 목표와 이루는 *일치*관계는 무한 반복할 수 있다. 이것은 연산 효율성에 큰 타격을 준다. 요약하면, 탐색을 성분통어 영역으로 제한한다고 해서 그 자체로 효율적인 연산이 보장되는 것이 아니다.

두 번째는 탐색을 효율적으로 할 수 있는 다른 방법들이 가능하다. 즉 성분통어만이 효율적 연산을 가능하게 하는 유일한 수단이 아니라는 것이다.

한 가지 더 첨가하면 Hornstein(2001)에서 언급했듯이, *일치* 이론은 측면이동과는 양립할 수 없다. 측면이동은 성분통어와 관련이 없는 연결되지 않은 하위구조를 넘어서 이동한다. *일치*를 기초로 한 문법은 *일치*관계가 목표를 성분통어하는 탐침에 제한되기 때문에 경험적으로 부적절하다.

이런 문제는 외부병합에까지도 확장된다. 만약 이동과 병합이 같은 근원적 운용이라면 그리고 이동이 *일치* 조건에 따라야 한다면, 외부병합 역시 *일치* 조건을 따라야 한다.[67] 그러나 만약 *일치*가 탐침이 목표를 성분통어하는 구조에서만 적용된다면 두 요소가 병합되기 전에 어떻게 *일치*가 적용될 수 있는가? 이것은 *일치*가 외부병합을 적용하는데 선행조건이라는 주장에 의문을 갖게 하며, 또한 이동이 정말 병합과 같은 운용이라면 마찬가지의 문제가

---

66) Chomsky(2005a, b)는 성분통어가 탐침 운용의 탐색공간을 제한하기 때문에 성분통어가 실제적으로 효율적인 연산을 반영한다고 주장했다.
67) 선택(selection)과 하위범주화(subcategorization)를 자질일치로 볼 수 있다. 따라서 외부병합이 내부병합과 마찬가지로 *일치*를 준수해야 한다고 볼 수 있다.

일어난다.

이 절에서는 UG 안에 *일치*를 포함하지 말아야 한다는 주장을 위해서 개념적이고 이론적인 논증을 제시했다. 다시 말하지만 이것은 문법 안에 일치(agreement)가 없다는 것을 의미하는 것은 아니다. 즉, 자질점검은 필요하다.[68] 오늘날 최소주의는 모든 비해석 자질들을 제거하는 구조를 만들기 위해서 문법적 운용들이 존재한다는 본다. 따라서 어떤 식으로든지 일치운용은 필요하다. 문제는 국부적 관계에서의 일치(agreement)와, 장거리 일치인 *일치/*중 어느 것이 타당한가이다. 본서에서는 UG 안에 Move와 함께 *일치*를 받아드리는 것이 이론적으로 문제가 있다고 주장했다. 다음 두 절에서는 *일치*를 지지해 주었던 경험적 자료들을 살펴보겠다.

5.3. 존재구문(Existential Constructions)

5.3.1. 문제: 이동과 단일순환 이론

존재구문은 외현적 이동이 없는 *일치*를 지지하는 경험적 자료로 널리 연구되어왔다. (4)는 대표적인 예문이다.

(4)　There **are** certain to be **mice/*a mouse** in the tub.

(4)가 보여주듯, 한정동사(*are*)와 관련어(*mice/ a mouse*)는 합법적인 문장을 도출하기 위해서 반드시 일치해야 한다. 일반적으로 시제 T^0가 관련어를 탐침하여 *일치* 관계를 맺는 것으로 분석된다. 이와 같은 *일치*는 형태적인 일치를 요구한다. 따라서 (4)의 구조는 (5)와 같다. 주절의 시제가 종속절의 관련

---

[68] 언어에만 고유한 자질들이 존재하기는 하지만, 자질점검 자체가 언어 고유의 운용이라기보다는, 보다 일반적인 인지연산을 통해서 자질점검이 이루어진다고 본다.

어인 *mice*를 탐침하여 자질일치를 점검한다.

(5) [$_{TP}$ There1 [T^0 + are] [certain [t1 to be [mice in the tub]]]]

이와 같은 *일치* 분석은 Chomsky(1986b)에까지 거슬러 올라가는 초기 분석을 대치한 것이다. 초기 분석들은 관련어인 *mice*가 *there*의 영역으로 비외현적으로 이동하는 것으로 분석했다.[69] 이렇게 이동함으로써 관련어가 시제 T와 매우 근접한 영역에 있게 되므로 적절한 점검관계가 이루어질 수 있다. 이와 같은 이동분석을 지지하는 근거들이 많다.

첫째, *there*와 관련어의 관계는 A-chain과 같다. 예를 들면, (6)에서 *there*와 *someone/ a beer*의 관계는 (7)에서 *someone/a beer*와 그 흔적과의 관계와 같이 국부적 특성을 보인다. 이것은 (6)에서 허사와 관련어의 관계와 (7)에서 선행사와 흔적의 A-이동 관계가 같은 것으로 본다면 당연한 결과이다.

(6) a. *There seems that someone is in the room.
    b. *There is the man drinking a beer.

(7) a. *Someone seems that t is in the room.
    b. *A beer is the man drinking t.

두 번째로 허사와 관련어 사이에는 일대일 대응관계가 있다.

(8) a. it/*there was prepared for there to be someone at home.
    b. it/*there was difficult for Bill for there to be someone at home.

---

69) 이때 관련어가 *there*를 대체한다고 볼 수도 있고 *there*에 부가된다고 볼 수도 있다.

c. *There seems there to be someone in the room.

만약 각각의 *there*가 하나의 관련어와 어떤 문법단계에서든지(예, LF) 쌍을 이루어야 한다면, (8)이 왜 비문인지 설명할 수 있다.

세 번째로, 잘 알려진 한정성 효과(definiteness effect)가 있다. 즉 (9)와 같은 경우가 허용되지 않는다. 이것은 허사가 LF에서 반드시 관련어와 합쳐져야 하는데 비한정어(indefinites)만이 그렇게 병합할 수 있기 때문이다. 일반적으로 한정어(definites)는 핵과 융합되지 않고 비한정어만이 융합할 수 있다.

(9) a. a condo for (two) girls → a (two) girl condo
 b. a condo for the two girls ⇒ *a(n) the (two) girl condo

관련어가 LF에서 허사와 병합(아마도 융합 incorporate)한다고 보면, (10)에서 보이는 한정성 효과를 설명할 수 있다.

(10) a. *There is everyone in the room.
 b. *There is the man drinking a lot of beer.

이와 같은 장점에도 불구하고 이동분석은 경험적, 이론적 결함도 가진다. 첫째로, 관련어가 LF에서 이동한다면 관련어의 작용역(scope)이 자신의 외현적 위치와 다를 수 있다고 예측할 수 있다. 그런데 관련어의 작용역은 외현 통사부에서 자신의 위치에 의해서 결정되기 때문에 이와 같은 예측은 경험적으로 가능하지 않다. 예를 들면 (11a)에서 *many people*은 부정어 아래 영역을, (11b)에서는 양태동사 아래, (11c)에서는 *seems* 아래에서, 그리고 (11e)는 (11d)에서 허용된 ACD 생략을 허용하지 않는다. 간단히 말하면 LF이동 분석은 존재구문에서 발견되지 않는 작용역의 가능성을 잘못 예측하게 된다.

(11) a. There aren't many people in the room.
b. There may be someone in the room.
c. There seems to be someone in the room.
d. John expects someone that I do to be in the room.
e. *John expects there to be someone that I do to be in the room.

두 번째로, 존재구문의 일치형태가 관련어가 외현적으로 이동한 경우와 동일하지 않다. 존재구문은 일치형태가 결함을 보이는 반면 외현적 이동이 일어난 문장에서는 일치가 완벽하다. (12)를 참조하라. 관련어가 LF에서 T의 Spec자리로 이동하여 음성적 일치가 일어난다면, (12a)와 (12c)의 차이나, (12b)와 (12d)의 차이를 설명할 수 없다.

(12) a. (?)There seems to be men in the garden.
b. There is a dog and a cat on the roof.
c. *Men seems to be in the garden.
d. *A dog and a cat is on the roof.

세 번째로 LF-이동 설명은 단순순환 이론과 상충한다. LF가 없다면 LF-이동은 있을 수 없다. 그렇다면 외현적 통사부에서 이동이 있다고 봐야 하는데, 뒤에서 단순순환 이론과 맞으면서 지금까지 지적한 문제들을 해결할 수 있는 분석을 제안하겠다.

제안에 앞서, *일치* 분석의 문제점 하나를 더 지적하겠다. *일치* 분석은 (13a)에서 관련어 *several books*의 격점검이 (13b)에서 점검되는 것과 같은 방식으로 점검받는다는 가정에 기초한다. 특히 관련어는 T^0와 *일치*관계에서 주격을 점검한다. 이러한 분석을 T-*일치* 가설이라고 부르자(TAH).

    (13) a. There were several books on the table.
         b. Several books were on the table.

Pesetsky와 Torrego(2001)가 주장한 Aux-도치와 주격 분석에서 보면, TAH는 문제가 있다. P&T는 다음과 같은 제안을 했다. 우선, T가 Wh-의문문에서 C로 이동하면 C는 두 자질, 즉 [uT]와 [uWH]를 점검한다. 따라서 주격은 DP에 [uT]가 형태적으로 반사된 것이다. 이와 같은 제안은 (14a)에서 T-to-C가 있음을 설명하고, (14b)에서는 T-to-C가 없음을 설명한다. (14a)에서 *what*은 주절 C의 [uWH]를 점검하지만, 주격이 아니기 때문에 C의 [uT]를 점검할 수 없다. 따라서 T가 C의 [uT]를 점검하기 위해서 C로 이동한다. (14b)에서는 *who*가 주격자리에서 이동했기 때문에 T자질과 Wh자질을 모두 가진다. 따라서 이것은 C의 이 두 자질을 모두 점검하기 때문에 경제성 원리에 의해 (14c)는 허용되지 않는다. 즉 *who* 혼자서 C의 모든 자질을 점검할 수 있기 때문에 T의 이동은 불필요하다.

    (14) a. What did Bill see
         b. Who saw Bill
         c. *Who did see Bill

이와 같은 관점에서 (15)에 주어진 존재구문을 보자.

    (15) a. How many books were there on the table?
         b. What was there on the table?

c. *How many books there were on the table?
   d. *What there was on the table?

(15)의 문장들은 wh-관련어가 C로 이동하여 도출된 것이다. (15a,c)와 (15b,d)의 차이는 T-to-C가 일어나야함을 보여준다. 이것은 관련어구가 주격([uT])이 없다면 당연한 결과이다. 주격과 일치가 밀접하게 관련된다면 (즉, 격은 일치의 반사임) 이것은 관련어가 이런 경우 외현적 형태에도 불구하고 T와 일치하지 않는다는 것을 보여준다. 다시 말해, 적어도 영어의 존재구문은 *일치*의 경우가 아니다. 이 자료들은 Belletti(1988)와 Lasnik(1995)의 분석과 일관성이 있다. 이 두 분석은 관련어가 T와의 *일치*에 의해서가 아니라 *be*에 의해서 격을 받는다고 제안했다. 이런 주장을 지지하는 형태적인 증거가 있다. 일부 존재구문은 한정적 관련어도 허용한다.

(16) a. Who can we get to play a leading role in the spring production? There's always Bob/him/*he.
   b. Who can we get to play leading parts in our new production? There's always those guys in our acting class/them/*they.

형태적으로 표현되어야 하는 경우, 대명사가 주격이 아닌 대격으로 표시되어야 한다. 이것은 존재구문에서 시제 T가 관련어에 격을 표시하지 않는다는 주장과 일치한다. 아래에서 제안할 분석은 관련어가 T에 의해서 격을 받지 않는다는 Belletti-Lasnik의 제안을 받아드린다. (15)와 (16)은 시제 T가 관련어를 탐침하여 장거리 관계를 맺는다는 주장을 반증하는 예문들이다. 즉 관련어와 T의 수의 일치가 장거리 일치인 *일치*에 의한 것이 아니다.

5.3.2. Sportiche의 이중구조

이중구조 제안의 핵심은 허사와 관련어 사이의 관계가 관련어가 허사쪽으로 비외현적 이동을 해서가 아니라, 허사가 관련어로부터 외현적으로 이동한다는 것이다. 이 제안은 이동분석의 장점을 유지하면서 또한 단순순환 가정과도 일치한다.

허사와 관련어가 A-연쇄 특성을 가지는 것은 (17)에서와 같이 *there*의 이동으로 보면 쉽게 설명할 수 있다.

(17) a. There is someone in the room.
　　 b. [There is [there someone] in the room]

허사와 관련어의 일대일 관계도 허사와 관련어가 이중구조로 처음에 시작되었다는 가정에서부터 자연스럽게 설명된다. *there*와 허사의 중복병합은 여러 이유로 금지된다.

첫째, (18a)에서 *there*가 격이 필요하다면 두 개의 *there*가 어떻게 격점검이 가능한지 불분명하다. 하나는 주격점검을 위해서 T의 지정어 자리로 이동한다고 볼 수 있다. 하지만 두 번째 *there*가 점검할 두 번째 격이 없다. 두 번째 격이 있다고 할지라고 더 아래 있는 *there*가 최소조건을 어기지 않고 이동할 수 없다. 즉 (18a)에서 *there*-DP는 (18b)의 구조를 가진다.

(18) a. T^0 is [there [there [someone]] in the room]
　　 b. [$_{DP}$ there D^0 [$_{DP}$ there D^0 [$_{NP}$ someone]]]

Chomsky(1995a)는 *there*를 일종의 dummy D(또는 D의 지정어)로 분석하여 한정성 효과를 끌어냈다. *there*는 D와 같아서 명사류 보충어를 필요로 한다. DP만이 한정적일 수 있다고 가정하면, 혹은 반대로 D가 없는 NP은 비한정적이라고 가정하면, *there*가 D 혹은 D의 지정어라는 가정은 *there*와 병합하는 것이 bare NP 즉 비한정적 NP일 것을 요구하게 된다. Chomsky(1995a)에서는 *there*와 관련어가 LF에서 하나로 된다고 주장했고, 본서에서는 *there*와 관련어가 통사부에서 외현적으로 병합한다고 주장한다.

이것은 또한 존재구문의 일치현상을 설명한다. 여러 언어에서, D 혹은 D의 지정어는 자신의 명사류 보충어와 일치한다. 예를 들어 불어에서 *les, la, le, sa, ses, mes, mon, ton,* 등은 자신의 보충어와 일치하는 한정사들이다. 만약 이런 한정사들의 공(dummy) 형태가 있다면, 그것도 자신의 보충어와 일치한다. 존재구문에서 T^0가 *there*와 직접적으로 일치하고 *there*는 관련어와 일치한다. 따라서 T^0는 관련어와 간접적으로 일치하게 된다.

존재구문의 일치형태가 종종 결함을 보이는데, 이것은 존재구문의 일치가 비간접적(indirect)이라는 주장을 지지한다. 존재구문의 일치형태와 비존재구문의 일치형태가 동일하지 않다는 점을 기억하자. 예를 들어 (19a,b)에서는 일치가 완전하지 않고, (19c,d)에서는 일치가 완전하다.

(19) a. (?)There seems to be men in the garden.
 b. There is a dog and a cat on the roof.
 c. *Men seems to be in the garden.
 d. *A dog and a cat is on the roof.

(19a, b)의 일치가 결함이 있는데, 이것은 서술어가 *men*이나 *a dog and a cat*보다는 *there*의 자질과 직접적으로 일치한다고 보면 그럴 수 있다. 다시 말해서 허사 *there*는 자신의 보충어와 수에 있어서 일치할 필요가 없다. 그렇다면 *there*와 T^0가 수의 일치에서 기본형(default)을 취할 수 있다. (19a, b)에서

단수 일치가 기본형이라면, 반대의 형태 즉 단수 관련어와 복수 주어-서술어 일치는 가능하지 않다고 예측할 수 있다.

 (20) a. *There were a man in the room.
   b. *There seem to be someone here.

위와 같은 제안의 또 다른 결과를 보자. 관련어가 이동하지 않는다면 그것은 통사부에서 음성적으로 차지하는 자리를 차지해야만 한다. 따라서 그것의 작용역은 자신의 외현적 위치와 동일할 것이다.[70]

요약하면, 허사와 관련어가 하나의 단위로 시작해서 *there*가 외현적으로 A-이동을 한다는 제안은 존재구문의 여러 가지 특성을 잘 설명할 수 있으며, 또한 단순순환 이론과도 모순되지 않는다. (15)의 자료들은 *there*와 관련어가 각각 다른 핵에 의해서 격 표시되어야 한다는 주장으로 설명된다(Lasnik 1995).

5.3.3. 타동사 허사구문(Transitive expletive constructions: TEC)

이제 영어에서는 불가능하지만 독일어의 주절과 아이슬란드어의 모든 절에 가능한 타동사 허사구문을 살펴보자. 먼저 영어의 경우를 보자.

 (21) a. *There didn't men eat lunch.
   b. *There didn't eat lunch men.
   c. There weren't men eating lunch.
   d. *There weren't eating lunch men.

---

[70] 이와 동일한 주장이 Den Dikken(1995)에서 제안되었다.

(21a, b, d)는 TEC구문이지만 (21c)는 아니다. (21a, b)의 대응절이 아이슬란드어에서는 가능하고 화란어와 독일어의 주절의 경우도 가능하다. 우선 왜 (21a, b)가 불가능하고 (21c)는 가능한지를 설명하고 이 설명을 독일어와 아이슬란드어에 적용하겠다.

목적어가 v의 지정어 자리로 이동한다고 가정하자. 이것은 *일치*가 없는 단순순환 이론에서 필요한 가정이다. 그렇다면 TEC는 (22)와 같은 구조를 가진다.

(22) $[_{TP}$ there T^0 $[_{vP}$ Object $[_{vP}$ $[_{DP}$ there NP] v [V object]]]]

(22)에서 *there*가 T의 지정어 자리로 이동할 수 없는데, 그것은 앞으로 이동한 목적어를 넘어서 이동하여 최소원리를 위배하기 때문이다. [*there* NP]와 목적어 둘 다 같은 v의 지정어 자리에 있기 때문에 같은 최소영역에 있다할지라도, *there*는 DP를 구성하는 한 요소이기 때문에 이 영역의 일부는 아니다. 따라서 *there* 이동은 최소원리를 위배하여 (22)와 같은 도출이 금지된다. 최소원리를 준수하기 위해서 두 개의 가정이 필요하다. 즉 목적어가 v의 지정어 자리로 이동해야하고, *there*는 *there*+관련어로부터 TP의 지정어 자리로 이동해야만 한다. 따라서 영어에서는 TEC가 불가능하다.

그런데 *there*를 포함한 DP가 v의 외곽 지정어 자리 위로 이동하면 TEC가 가능해야 한다. 이것을 염두에 두고 (21c)를 다시 보자. *there*를 포함하는 DP가 격점검을 받아야하고 이러한 격점검이 *be*의 지정어 자리에서 일어난다고 가정하자. 여기서 *be*의 지정어 자리로 이동은 외현적이어야 하고 따라서 (23)과 같은 구조를 만든다.

(23) [TP there T⁰ [[DP there NP] be [vP Object [vP [DP there NP] v [V object]]]]]

위와 같은 도출은 관련어가 격점검을 받는다는 Lasnik(1995)의 제안을 도입한 것이다. 이것은 *John's book*에서 소유격 DP와 유사하다. *there*+관련어와 소유격 DP의 가장 큰 차이는 *there*는 소유격을 지니지 못한다는 것이다.

(24) a. I would prefer there being a guard in the room.
b. There being a guard in the room annoyed me.
c. *I would prefer there's being a guard in the room.
d. *There's being a guard in the room annoyed me.

만약 *there*가 소유격을 지니지 못함에도 불구하고 격표시가 되어야 한다면, 유일한 방법은 그것을 격자리로 이동하는 것이다. 또한 *there*을 포함한 DP 역시 격표시가 되어야 한다면, *there*는 DP를 포함하는 자리와는 다른 자리로 이동해야 한다. 즉 *there*는 자신의 관련어와는 떨어진 자리로 이동해야 한다. 따라서 (25)의 문장들은 격조건을 위배한 것으로 다뤄야한다.

(25) a. *[There a man] is here.
b. *I expect [there someone] to be drinking beer.

이와 같은 제안은 영어에서 비능격(unergative) 존재구문이 가능하지 않은 것도 설명할 수 있다.

(26) *There someone jumped.

Lasnik(1995)는 위와 같은 구조에서 부분격(partitive case)이 관련어에 배당되지 않기 때문이라고 설명했다. *there*를 포함하는 DP와 *there* 둘 다 격이 필요한데 비능격 동사가 자신의 지정어 자리에 격을 주지 못한다면, (26)은 격위배를 초래한다. 즉 *there*나 *there*를 포함하는 DP가 격점검을 받지 못한다. (26)의 문장에 *be*를 첨가하면 *be*가 *someone*을 포함하는 DP를 점검하고 T^0가 *there*를 점검한다.

(27) There is someone jumping.

좀 더 복잡한 경우를 살펴보자.

(28) *there seems [$_{PP}$ to a man] that it is raining outside.

만약 허사와 관련어가 원칙적으로 다른 격을 점검한다면 왜 (28)이 비문인지 설명하기 어렵다. Groat(1999)는 해결책으로, 경험자 PP로부터의 외현적 이동이 불가능하다고 제안했다.

(29) *Who does it seem [$_{PP}$ to t] that it is raining.

Groat는 PP가 이동에 제한을 주는 섬이고, 따라서 *there*가 (28)에서 PP 밖으로 이동할 수 없다고 제안했다.
 다시 정리하면, 영어에서 TEC가 불가능한 이유는, 대격이 통사부에서 v의 지정어 자리에서 점검된다는 가정 하에, *there*가 이동하면 최소원리를 위배하기 때문이다. 반면 *there*+관련어가 외현적으로 목적어 위로 이동하고, 이어서 *there*가 이동하면 최소조건을 위배하지 않기 때문에 가능하다.

이제 독일어의 경우를 보자. 독일어는 주절에서만 TEC를 허용한다.

(30) a. Es trinkt Jemand ein Bier.
    there drinks someone a beer.
  b. *Ich glaube dass es Jemand ein Bier trinkt
    I think that there someone a beer drinks

주절이 V2현상, 즉 시제 동사 V가 C^0로 이동해야 하고 XP가 C의 지정어 자리에 있어야 한다는 일반적인 가정을 받아드리면, (30)에서 보이는 대조적 특성을 설명할 수 있다. (30a)에서 허사 *Es*는 C의 지정어 자리로 이동한다. 종속절의 경우는 C^0가 보문사 *dass*로 채워져 있기 때문에 V-to-C가 허용되지 않는다. 따라서 (30b)에서 *Es*는 C의 지정어 자리에 있지 않다. 이제 *Es*와 *Jemand*가 하나의 DP를 이루고 거기로부터 *Es*가 이동한다면 (31)과 같은 구조가 이루어진다.[71]

(31) [$_{CP}$ Es trinkt [$_{TP}$ [$_{DP}$ Es Jemand [$_{VP}$ ein Bier [$_{VP}$ [$_{DP}$ Es Jemand]
    v [$_{VP}$ trinkt ein Bier]]] T^0]]

*Es*를 포함하는 DP가 T의 지정어 자리로 이동하면 *Es*가 최소조건을 어기지 않고 C의 지정어 자리로 이동할 수 있다. 또한 여기서 *Es*가 C의 지정어 자리로 이동하는 것이 필수적임을 기억하자. 영어의 경우 허사가 격 때문에

---

[71] 독일어와 아이슬란드의 존재구문은 영어의 존재구문과는 달리 일치에 있어 결함을 보이지 않는다. 이것은 독일어와 아이슬란드의 경우는 관련어가 T의 지정에 자리로 이동하기 때문이다. 즉 영어의 비존재구문에서 주어가 T의 지정어 자리에 있으므로 완전한 일치를 보이는 것과 같다.

이동한다고 제안했다. 그런데 독일어의 경우 C의 지정어 자리가 격점검 자리가 아니기 때문에 이런 제안은 문제가 있다. 그럼에도 불구하고 *Es*가 이동한다고 가정하고 뒤에서 왜 이동이 필요한지 설명하겠다.

(30b)를 다시 보자. 종속절에는 V2현상이 없기 때문에 C의 지정어 자리로의 이동도 없다. (30b)의 구조는 아래와 같다.

(32) ... [CP Dass [TP [DP ES Jemand] [VP ein Bier [VP [DP Es Jemand] V [VP trinkt ein Bier]]] T⁰]]

(32)에서 *Es*는 관련어를 포함하는 DP 안에 머문다. 만약 *Es*가 격이 필요하고 격이 C의 지정어 자리에서 주어진다면, (32)는 es가 이동하지 않아 격점검을 못 받아 파탄한다고 말할 수 있다. 또는 격때문이 아닐지라도, *Es*가 어떤 이유에서든지 이동을 해야 한다고 가정하면 이동이 일어나지 않기 때문에 (32)가 비문이다. 그렇다면 격이 아닌 다른 어떤 이유 때문에 이동을 해야 하는가?

문제해결의 실마리를 제공할 만한 특이한 비대칭적 특성이 *there*와 *Es* 사이에 있다. 예를 들면, V-to-C가 *there*에는 적용되지만 *Es*에는 적용이 안 된다.

(33) a. Is there someone drinking a beer?
b. Trinkt (*Es) Jemand ein Bier?

(34) a. Why is there someone drinking a beer?
b. Warum trinkt (*Es) Jemand ein Bier?

*Es*는 C의 지정어 자리에만 허용된다는 일반화는 V2의 경우에만 적용된

다. *Es*는 do와 같이 최후수단(last resort)으로 사용된다고 가정하면 V2조건에 의해서 허용될 때만 적용될 수 있다. 따라서 (33b)과 (34b)에서 *Es*가 C의 지정어 자리에 있지 않기 때문에 *Es*의 사용이 금지된다. 반대로 (30a)에서는 *Es*가 C의 지정어 자리에 있기 때문에 *Es* 사용이 가능하다. 요약하면 *Es*는 *there*와는 달리 격을 필요로 하지 않지만 의무적으로 C의 지정어 자리에 있어야 한다.

독일어 주절의 경우 *Es*의 착지점으로 C의 지정어 자리가 가능하기 때문에 TEC 구문이 가능하다. *Es*를 포함하는 DP가 T의 지정어 자리로 먼저 이동하고 이어서 *Es*가 C의 지정어 자리로 이동함으로 최소조건을 준수한다. 이와 같은 두 단계 이동이 종속절의 경우엔 V2가 일어나지 않고 따라서 C의 지정어 자리가 허용되지 않기 때문에 불가능하다.

위와 같은 설명을 아이슬란드어에도 적용할 수 있다. 독일어와는 달리 아이슬란드어는 종속절에서도 V2가 허용된다. 주어가 종속절의 T의 지정어 자리에 있다고 가정하자. 영어와 독일어와는 달리, 아이슬란드어는 TP안에 또 다른 기능 지정어 자리가 가능하다고 보자. 예를 들면, Chomsky(1995a)와 Bobaljik과 Joan(1996)은 아이슬란드어 절에는 추가로 주어자리가 가능하다고 가정했다. 이와 같은 가정을 받아드려, 지정어와 함께 T의 지정어 뿐만 아니라 또 다른 기능구(FP)가 있다고 가정하자. 다음과 같은 가정들을 바탕으로 TEC가 어떻게 이루어지는지 보자. 첫째, 목적어가 격점검을 위해 v의 지정어 자리로 외현적으로 이동한다. 두 번째, 허사는 관련어와 하나의 구성소로 시작해서 자신을 포함하는 DP로부터 이동한다. 세 번째, 이 이동은 다른 이동과 마찬가지로 최소조건을 준수한다. 이와 같은 가정들을 받아드리면, TEC가 주절과 종속절에서 모두 가능하다는 것을 설명할 수 있다.

대표적인 도출과정인 (35)를 살펴보자. *pas*와 관련어를 포함하는 DP가 목적어를 넘어 F의 지정어 자리로 이동한다. 그곳으로부터 *pas*가 T의 지정어 자리로 이동하는데, 이와 같은 도출은 합치한다. F의 지정어 자리가 격점검 자리라면 이것은 영어에서 *be*와 동명사 분사가 같이 나오는 경우와 같다고 볼 수 있다. 하지만 아이슬란드어의 *pas*는 독일어의 *Es*가 V2가 필요한 곳에 서만 가능하다는 점에서 유사하다. 예를 들어 *pas*는 의문문에서 나타나지 않는데, 이것은 격이 *pas*를 허용하는 조건이 아님을 암시한다.

(35) [$_{TP}$ there V+T [$_{FP}$ [there associate] F[$_{vP}$ object [$_{VP}$ there associate] v [$_{VP}$ V object]]]]]

(36) pas klarutu margar mys ostinn alveg
 there finished many mice the cheese completely

그렇다면, 독일어와 아이슬란드어에서 허사를 허용하는 조건은 V2를 허용하는 C의 지정어 자리의 가능성으로 결론이 난다. 반대로 영어의 *there*는 격점검이 있어야 한다. 허사가 통사부에서 관련어와 하나의 구성소를 이루고 이어서 인허받기 위해서 이동한다는 가정과 독일어와 아이슬란드어에서 독립적으로 필요한 가정들을 받아드리면 세 언어 사이의 TEC의 분포를 설명할 수 있다.

5.3.4. 요약

*일치*가 문법운용이 아니라면 존재구문은 이동의 결과이다. 문법이 단순순환이라는 가정을 받아드리면 여기서 이동은 외현적이어야 한다. 그렇다면 존재구문에서 허사와 관련어구가 LF에서 합쳐지는 것은 금지된다. 반면, Sportiche의 이중구조 제안으로 설명해서 허사와 관련어구가 하나의 구성소

를 이루고 그 이후 허사가 혼자 외현적으로 이동한다고 보면 가능하다. 이와 같은 분석이 존재구문과 TEC 구문의 언어 간의 분포를 어떻게 설명할 수 있는지 보여주었다. 이것은 이동분석이 *일치*분석보다 더 설득력이 있음을 시사한다. 즉 *일치*분석에서 가장 자주 언급된 존재구문을 *일치* 없이도 설명할 수 있기 때문에 궁극적으로 문법에서 *일치*는 제거되어야 한다.

5.4. 하위 복사 발음하기

I-일치의 모든 경우들이 존재구문에서 나타나는 특성들을 보이는 것은 아니다. 예를 들면, 한정성 효과를 보이지 않는 I-일치의 경우도 있고, 부분일치가 가능하지 않은 경우도 있고, DP의 의미영역이 그것의 외현적 위치가 인허하는 것보다 더 큰 경우도 있다. 이와 같은 경우들은 앞에서 제안한 이중구조 제안으로 설명할 수 없다. 여기서 우리는 이와 같은 구조를 설명하기 위하여 새로운 분석을 제안하기 보다는 이동분석도 *일치*분석만큼 이와 같은 구조들을 설명할 수 있다는 것을 보여주겠다. *일치*는 이동의 한 특별한 경우로써 하위복사가 발음되는 것이라고 제안했다.[72] 거의 모든 최소주의 분석들은 이동의 복사이론과 하위복사가 발음될 수 있다는 것을 받아드리기 때문에, 이동분석은 설명할 수 없고 *일치* 분석만 설명이 가능한 경험적 자료는 있을 수 없다. 즉, *일치* 분석이 다루는 자료들은 모두 이동분석을 적용하고, 하위 복사가 발음된 것으로 대체하여 설명할 수 있다. 따라서 단지 *일치* 분석만이 설명할 수 있는 경험적 자료들 때문에 *일치*분석이 이동분석보다 더 우수하다고 말할 수 없다. 이와 같은 논리를 아이슬란드어를 가지고 보여주겠다.

---

[72] Kobele(2006)도 비슷한 주장을 했는데, 그에 따르면 *일치*는 특별한 접합점 효과를 가진 이동이다.

아이슬란드어의 대표적인 I-일치를 보자. 주어가 사격(quirky case)으로 표시되고 다른 DP가 시제절의 서술어와 일치하여 주격으로 표시되는 것을 허용한다. (37a)의 구조는 (37b)와 같다.

(37) a. Henni voru gefnar bakurnur
    she dat were pl given pl books. nom. pl
  b. [$_{TP}$ She1 [[$_T$ past+were] [$_{vP}$ t1 V [$_{VP}$ given books]]]]

일치분석은 (37b)를 다음과 같이 도출한다. *she*가 T의 지정어 자리로 이동하고, T는 자신의 비해석적 파이자질을 점검하기 위해서 보충어영역을 탐색한다. *books*가 적절한 해석적 파이자질을 가지고 있기 때문에 목표가 된다. 따라서 T와 *books* 사이에 일치 관계가 이루어지고 T의 자질들이 점검된다. *books*에 있는 주격은 이와 같은 일치가 형태적으로 반사된 것이다.

반면 이동분석은 (37a)에 대한 구조로 (38)를 제안한다.

(38) [$_{TP}$ She [books [$_T$ past+were][$_{part}$ books [$_{vP}$ she V [$_{VP}$ given books]]]]]

*given*과 *were* 사이의 일치는 *books*가 분사핵의 지정어 자리로 이동하고 이어서 T의 지정어 자리로 이동함으로써 일어난다. 이동 이후, 하위 복사가 음성적으로 발음된다.

일치분석과 이동분석은 실제는 이종동형(isomorphic)이다. 즉 일치만 적용된 일치분석은, 이동이 적용되고 하위복사가 발음된 이동분석과 같고, 일치와 이동이 적용된 일치분석은 상위복사가 발음된 이동분석과 같다. 따라서 모든 일치 분석은 이동분석으로 대체할 수 있다. 따라서 I-일치는 목표가 외현 통사부에서 탐침의 지정어 자리로 이동하고 탐침의 지정어 자리에 있는 상위복사가 아니라, 하위복사가 발음된 것으로 설명할 수 있다.

그렇다면 왜 특정한 경우에는 하위복사가 발음되고 또 다른 경우에는 상위 복사가 발음되는지 이동분석이 설명할 수 없다고 반박할 수도 있다. 이러한 지적은 타당하지만, 같은 문제가 일치분석에도 적용된다. 즉 어떤 경우에는 EPP때문에 탐침의 지정어 자리로의 이동이 필수적이고 또 다른 경우에는 그렇지 않은지를 *일치* 분석도 설명할 수 없다. 두 분석의 가장 큰 차이는 *일치*분석은 이동을 필요로 하지만, 이동분석은 *일치*를 필요로 하지 않는다는 것이다. 이런 점에서 *일치*는 개념적으로 잉여적이고 이동분석보다 경험적으로 더 우수하지 않다.

또한 *일치*는 바람직하지 않은 또 다른 문제를 야기한다. 아이슬란드어의 I-일치는 (39)와 같은 결속을 보인다.

(39) a. *?Konunum1 fundust par1 vera gafapar
women. the. dat seemed. **3pl** they. nom be gifted. fem.pl.nom
b. Konunum1 fundust par1 vera gafapar
women.the.dat seemed.**3sg** they.nom be gifted.fem.pl.nom
"It seemed to the women they were gifted."

두 문장의 차이는 (39a)에서는 주절동사가 종속절 주어와 일치하고, (39b)에서는 주절동사가 기본형(default form)인 3인칭 형태를 가진다는 것이다. 일치가 이동을 필요로 한다고 가정하면 (39a)의 주절에는 *they*의 복사가 있고, (39b)에는 없다. 따라서 (39a)에서 *the women*과 *they*는 같은 절 안에 있고 (39b)에서는 그렇지 않다. 그럼으로 (39a)에서는 결속조건 B가 나타나고 (39b)에서는 나타나지 않는 것이 당연하다. 또한 상위 서술어에 나타나는 일치는 일치된 표현이 상위로 이동함으로써 작용역이 바뀐다. *일치*분석은 이와 같은 것을 예측할 수 없다.

요약하면 *일치*를 제거한 이동분석이 하위 복사를 발음할 수 있다는 가정만 받아드리면 *일치*가 설명할 수 있는 경험적 자료들을 모두 설명할 수 있다. 이동의 복사이론이 독립적으로 문법에서 필요하기 때문에, 문법에서 *일치*를 제거한다고 해서 *일치*가 설명했던 자료들을 설명하지 못 하는 것은 아니다.

하지만 두 분석의 설명력에서는 차이가 있다. 이동하는 요소의 자질을 점검하기 위해서 이동이 일어나야 하는 이기성 개념을 가정하자. 이것은 비해석 자질들을 점검하지 않으면 도출이 파탄하기 때문에 비해석 자질들을 방출하기 위해서 문법적 운용들이 일어난다는 제안을 구현한 것이다. 이것이 옳다면, 이기성은 자질점검을 위하여 이동이 일어날 것을 요구한다.

이와 같은 관점에서 Move는 내부병합이 아니라, 복사와 연결/병합이 합쳐진 것이라는 해석으로 이동의 복사이론을 고려해 보자. 일반적으로 하위복사들이 상위복사들 보다는 더 많은 비해석 자질들을 가진다. 이것이 상위 DP들이 이동하는 이유이다. 각각의 이동은 자질점검을 위해서 일어나고, 상위 복사들이 하위복사들보다 비해석 자질들이 적다. 예를 들면, 격 표시된 DP는 격표시가 되지 않은 자신의 복사보다 상위에 있게 된다. 발음된 복사는 비해석자질들이 점검된 것이라고 가정하면, 가장 위에 있는 복사가 발음될 것이다. 이것은 연쇄조건, 즉 연결의 맨 아래는 의미역 표시가 되고 가장 상위의 것은 격표시가 되어야 한다는 조건과 같은 통찰력을 가진다. 이렇게 보면 무표의 경우는 가장 상위의 복사가 발음되는 경우이다. 하위의 복사가 발음되는 것이 유표의 경우이다. 따라서 I-일치는 유표적 특성을 보여준다. 이것들은 지정어-핵 일치보다 훨씬 덜 일반적이고 일치형태도 보다 더 특이하다.[73]

---

73) 지정어-핵 일치보다는 결함이 있는 일치형태를 보인다.

그것들은 또한 제한적인 환경에서 일어난다. 예를 들면, Hini-Urdu의 경우에는 두 개의 동사만 I-일치를 보인다. 따라서 I-일치가 이동과 상위 복사제거가 합쳐져서 일어난 것이라면 왜 지정어-핵 일치보다 더 드문 현상이고, 종종 불완전한 일치현상을 보이고, 또한 어휘적으로 제한적인지 설명할 수 있는 단초를 얻게 된다. 즉 I-일치는 유표적인 비정상적 경우이기 때문이다.

반면 *일치* 분석에 따르면, 이동은 부수적인 것이고 어떤 자질도 점검하지 않는다. 이동은 EPP때문에 일어난다.[74] 이렇게 보면 이동은 자질점검과 일치의 관점에서 불필요하다. 단지 EPP를 만족하기 위한 것이다. 그렇다면 탐침의 지정어 자리로의 이동은 유표적인 반면, I-일치는 이동이 없이 *일치*로 설명하기 때문에 연산적으로 덜 복잡하고 무표적인 현상으로 보아야 한다. 그런데 사실 이 두 개의 개념은 서로 반대의 결과를 초래한다. 즉 I-일치가 지정어-핵 일치보다 덜 일반적이고 더 특이하기 때문에, 이동분석이 *일치*분석보다 경험적으로 더 우수하다는 결론을 얻을 수 있다.

5.5. 결론 및 요약

오늘날 대부분의 최소주의 이론은 *일치*를 문법의 기본적 운용으로 가정한다. 이 장에서는 이러한 가정의 타당성을 세 가지 입장에서 검토해 보았다.

첫째, *일치*는 문법의 잉여성을 초래하기 때문에 방법론적 근거에서 제거되어야만 한다. *일치*의 잉여성은 두 측면에서 설명된다. 하나는 Move가 병합의 한 종류이고 병합이 개념적으로 꼭 필요한 것이라면 UG는 *일치* 없이도 장거리 관계성을 처리할 수 있는 방법을 가진다. 따라서 다른 사정이 같다면, 이동 이외에 장거리 관계를 설명하는 다른 방법이 있어서는 안 된다. 특히 *일치*를 지지하는 중요한 경험적 자료인 I-일치를 *일치*없이도 설명할 수 있는

---

[74] 여기서 EPP는 이동자의 어떤 자질도 점검하지 않는 것으로 이해된다.

방법들을 제안했다. 예를 들면, 세 가지 방법. 즉 외현적 이동에 의한 설명, Sportiche의 이중구조에 의한 설명, 마지막으로 하위 복사를 음성적으로 발음하는 것이다. 이러한 방법들은 일반적인 방법을 사용하기 때문에 문법이 별도로 *일치*를 포함하는 것은 잉여적이다. 결론적으로 *일치*를 문법에 포함시키는 것은 방법론적으로 바람직하지 않고 또한 학습성에 부정적인 영향을 미친다.

두 번째, *일치*는 탐침이 목표를 성분통어해야만 한다는 점에서 성분통어 개념 안에서 정의되어야한다. 그런데 최소주의는 성분통어 개념을 제거하고 그것을 다른 독립적 원리들로부터 끌어내려하기 때문에 *일치*를 문법에 첨가하는 것은 바람직하지 않다.

세 번째, *일치*를 지지하던 경험적 증거, 특히 존재구문이 *일치*분석만으로 설명이 가능한 것은 아니다. 5.3에서 단순순환과 조화를 이루면서도 경험적으로 잘 설명할 수 있는 *일치*를 사용하지 않는 대안을 제시했다. 이 제안은 기존의 *일치* 제안들보다도 TEC의 분포를 더 잘 설명한다. 5.4에서는 이동의 복사이론과 어떤 복사가 발음되어질 것인가를 결정해야 한다는 것을 받아드리면, 최소주의는 이미 하위복사를 발음하는 가능성을 제시했다. 이런 가능성은 *일치* 없이도 I-일치를 설명할 수 있음을 보여준다. 사실 모든 *일치* 분석은 하위 복사를 발음하는 이동분석으로 대체할 수 있다. 결론적으로 문법이 이동의 복사이론을 포함하는 한, *일치*를 포함하는 문법과 *일치*를 포함하지 않는 문법 중 어느 하나가 더 우수하다는 것을 입증해 줄 수 있는 절대적인 경험적 증거는 없다.

*일치*를 제거해야 하는 마지막 이유로, *일치*를 설정하면 위치이탈이 편재하는 언어현상을 설명할 수 없다. 그런데 만약 도출이 자질점검과 관련이 있고 자질점검은 국부적 환경에서만 허용된다면, 그리고 여러 자질들을 점검해

야만 한다면, 자연언어에서 위치이탈 현상이 많이 보이는 것이 이상하지 않다. 이동만이 이러한 여러 자질 점검을 만족시킬 수 있는 유일한 방법이기 때문이다. 반면 *일치/* 분석에서 이동은 전적으로 우연의 산물이다. 즉 접합점 조건이 개입하지 않는다면 모든 것은 이동하지 않고 제자리에 머물러 있어야 한다. 이것은 이동이 문법의 내재적인 특성이 아니고, 문법이 다른 인지체계와 상호작용을 한 기능적 결과라는 것이다. 그런데 접합점 조건들이 하나의 가정에 불과하다는 것을 인정하면, *일치/* 분석은 언어에서 왜 자주 위치이탈이 나타나는지에 대해 궁색한 설명을 할 뿐이다. 이동을 내부병합으로 보는 오늘날의 주장은 이러한 결함을 인정해야 한다. 이 문제를 해결하기 위해서 궁극적으로 *일치*는 문법에서 제거되어야 한다.

6

결론 및 문제점
Conclusions and More Questions

6.1. 연구내용

위의 내용에서 지배와 결속이론(GB)의 성공을 출발점으로 삼은 최소주의 과제를 약술하려고 시도했다. GB는 많은 문법법칙들을 어느 정도 정확하게 확인했다고 가정해 왔다. 예를 들면, 재귀사들은 국부적으로 결속되어야 하고, 결속은 반드시 성분통어를 포함하고, 최소성은 이동을 지배하고, 단지 성분통어하는 중간 개입자들은 최소성을 결정하는데 중요하며, 이동은 표준적으로 성분통어하는 자리로 이동한다는 등의 법칙을 확인했다. 그리고 GB를 대체로 경험적으로 정확한 것으로 간주하고 GB 법칙들을 좀 더 일반적인 원리에서 도출하려고 한다는 점에서 GB를 효과적인 이론으로 생각한다고 제안했다. GB 주장이 경험적으로 적당한 경우가 있는데, 그 중 적절한 예가 성분통어 없는 결속 경우이다. 하지만 여기서 약술된 과제(그리고 최소주의 프로그램)는 GB와 생성법칙에 핵심을 두는 경험적 일반원리들이 문법내용을 정확하게 기술한다는 가정에서 시작한다. 최소주의와 현 과제의 새로운 점은 GB의 성공을 이론적 도전의 출발점으로 삼아 이런 결과들을 좀 더 심오하고 자연스러운 원리로 수립하고자 하는 것이다.

이론적인 과제를 시작하는 주요 동기는 GB식 이론들이 복잡하다는 것에서 비롯된다.[75] 특히 GB개념에서 언어능력(FL)은 내적으로는 모듈적이고 언어특정적인 원리와 근원들(primitives)로 가득 차 있다. GB의 이런 자질들은 두 가지 문제를 일으킨다. 첫 번째 문제는 Darwin의 문제(또는 언어진화의 논리적 문제)가 세 가지 가정에 의거한다는 것이다. (a) 복잡성은 자연선택의 산물이고, (b) 그 산물이 복잡해지면 질수록 자연선택은 운용하는데 더 많은 시간을 요구하며, (c) FL은 너무나 갑작스럽게 출현해서 시간체계가 대략 5만년내지 10만년인 그 마력을 자연선택이 작동할 수가 없다는 것이다. 만약 이것이 옳다면, 가장 합리적인 결론은 FL이 GB가 주장하는 것처럼 그 원리와 기본운용에서 복잡하거나 예외적일 수 없다는 것이다. 또는 보편문법(UG)이 GB가 제시하는 것보다 내적으로 덜 모듈적이고 UG의 기본운용과의 관계가 더 총칭적(generic)이라는 것이다.

두 번째 문제는 UG에 대한 두뇌의 인식과 관계가 있다. David Poeppel과 동료들은 두뇌과학의 기본구조와 개념은 언어학의 구조와 개념과 꼭 맞지는 않다고 강하게 주장했다. 그의 주장에는 이 둘 사이에는 "입도 비일치" (granularity mismatch)가 있으며, 그 비일치는 UG에 의한 운용들이 신경회로에서 어떻게 인식될 수 있는지를 알지 못하게 한다. FL이 두뇌에서 구체적으로 표현된다면, 언어학의 기본개념들이 웨트웨어(wet-ware) 즉 인간 두뇌의 구체화에 의해서 생각될 수 있는지 조사하는 것은 가치가 있다.[76] 여기서 유

---

75) GB의 복잡성에 대해서는 Epstein(1999)을 참고하라.
76) 웨트웨어(wet-ware)는 컴퓨터 용어에서 유래한 것으로, 하드웨어와 소프트웨어 그리고 소프트웨어를 고안해 내는 인간의 두뇌인 "웨트웨어"에서 비롯되었다. 이것

용한 방법은 문법 설명들이 "총칭적 연산 서브루틴"(generic computational subroutines)에 호소하는 연산분석을 사용하는 것일 것이다(Poeppel & Monahan(In Press)).[77] 구체적인 제안은 문법법칙들이 코드화될 수 있다는 점에서 간결하고 일반적인 신경회로에 의해서 그럴듯하게 이행할 수 있는 기본 운용들을 찾는 것이다. Darwin의 문제에 대한 인식은 유사한 조사를 하게 한다. FL이 두뇌의 다른 부문에서 사용되는 것과 유사한 총칭적 신경회로를 이용하는 만큼, 진화거리(evolutionary distance)가 더 작아지고 FL의 갑작스런 출현을 설명하기가 더 쉬워진다. 이와 같이 언어진화의 논리적 문제와 입도 비일치 문제는 더 간결하고 일반적인 근거로 문법법칙들을 세우기를 요구한다.

이것이 옳다면, 올바른 문법이론은 GB의 경험적 적용범위를 지니고 Plato의 문제, Darwin의 문제 그리고 입도 비일치 문제를 해결하는 것일 것이다. 그 접근법은 두 가지 방식으로 축소될 수 있다.

첫째로, GB의 별개 운용들을 병합과 이동(일종의 병합)을 포함하는 한 가지 일반 핵심원리로 축소함으로써 FL의 내적 조합성(modularity)을 제거하거나 적어도 축소하는 것이 가능하다고 가정해 왔다. 대부분의 초기 최소주의 연구는 격과 일치를 이동으로 축소함으로써 이해될 수 있다. 이동에 의하여 해석을 재분석하는 연구, 즉 통제의 이동이론과 대용결속(anaphoric binding)의 이동처리는 FL의 내적 조합성을 한층 축소하고 문법의존성의 운용들을 축소하도록 한다. 모든 가능한 세계에서 다양한 GB 모듈은 다른 종류의 근원적 항목들(어휘항목과 그 자질들)에 적용되는 같은 병합과 이동 운

은 컴퓨터의 하드웨어와 소프트웨어를 운영하는 인간 또는 인간의 두뇌를 의미하며, "wet"는 인간의 뇌가 촉촉한 상태라는 것을 강조한 것이다.
77) 서브루틴은 프로그램 안의 다른 루틴들을 위해서 특정한 기능을 수행하는 부분적 프로그램으로 되풀이해서 사용되는 독립된 명령군을 말한다(네이버영어사전).

용들을 간결하게 반영하는 것이다. 만약 이것이 옳다면, FL은 아무런 내적 모듈구조를 지니지 않는다.

이 책은 두 번째 축소전략에 초점을 맞추었다. FL이 연결(Concatenate), 복사(Copy), 그리고 표지(Label)의 세 가지 기본운용들을 사용하는 것과 이런 운용들이 경로(path)로 해석되는 최소성과 일치하여 적용된다고 가정함으로써, UG의 GB이론 부분을 추론하는 한 가지 방식을 보여주었다. 이 조건하에서 이런 운용들의 상호작용은 우리가 자연언어에서 발견하는 것들과 상당히 비슷한 구조를 만들어낸다. 그것에서 우리는 계층, 순환성, 성분통어, 구성성분(constituency), 등거리(equi-distance), 국부성(locality)을 얻게 된다. 게다가, 이런 기본운용들과 원리들에서 표지만이 언어에 특정한 것으로 분명하게 나타난다. 다른 것들은 다른 인지영역에 적용되는 운용들(즉, 연결과 복사)이거나 그 기능이 비국부적 의존관계가 부과하는 연산적 부담을 최소화하는 최소성 원리를 반영하는 것이다. 만약 이것이 정확하다면, Darwin의 문제에 대한 가능한 해답을 얻게 된다. 다시 말해서 두뇌가 언어학적 표현을 생성할 수단을 갖기 위해서 이전에 사용한 인지운용과 원리들의 목록에 추가할 한 가지 기본운용(즉 표지)이 있기 때문에, FL의 진화는 급격할 수 있다는 것이다. 또한 입도 불일치에 대한 구제책을 갖게 된다. 세 가지 기본회로인 연결, 복사, 표지가 있는데, 세 가지 모두는 신경구조가 구체화하기에 충분히 간단하다. 연결과 복사는 인지적 경제성의 다른 부분에서 총칭적이고 효과적일 것 같다. 표지만이 언어적 영역에 속한다. 표지는 언어학적으로 본질적인 운용이다. 요약해 보면, 앞에서 나온 제안들은 우리가 추구해야할 이론에 대한 모델을 제공한다. 그것은 이치에 맞게 경험적으로 잘 부여된 것이고 자연언어 이론이 다루어야할 세 가지 질문에 그럴듯한 해답을 제공하는 것이다.

6.2. 몇 가지 결과들

적어도 세부적으로 현재의 제안이 옳다고 믿는 것은 너무 쉽게 믿는 것이다. 하지만, 위에서 약술한 방식이 충분하다고 가정하고 이 장에서는 FL 연구를 위해 가능한 몇 가지 결과들을 고려해 보고자 한다.

6.2.1 복합운용과 구문

첫째로, 가장 기본적인 수준에서 현재의 설명에 의하면, FL은 병합이나 이동과 같은 운용들을 포함하지 않는다. 현재의 설명에서는 병합과 이동이 여러 운용들의 연속적인 적용에서 나오는데, 병합은 그 뒤에 표지가 나오는 연결이고, 이동은 연결이 나오고 그 뒤에 표지가 나오는 복사이다. 그럼에도 불구하고, 병합과 이동이 복합(composite)운용으로 볼 수 있는지가 문제가 된다. 만약 복합운용이 UG에 없다면 병합과 이동은 개인의 개별문법의 일부로 존재할 수 있을까?

원어민 화자가 근원적 운용들을 축적하고 그 결과가 병합이나 이동과 같은 복합운용들이라고 대답할 수 있다. 그 때 축적된 운용이 그 자체가 UG의 근원, 즉 유전적으로 물려받은 FL의 일부가 아니라고 하더라도 축적된 운용은 원어민의 문법에서 근원으로 취급될 수 있다. 사실상 이것을 미리 예측하는 몇 가지 최소주의 주장들이 있다. 이것을 설명해 보자.

경제성 조건인 병합우선조건(Merge-Over-Move: MOM)을 생각해 보자. Chomsky(1995a)는 병합우선조건은 (1b)의 도출을 막기 위해서 (1a)와 같은 경우에 적용된다고 주장했다.

(1)   a. [to be a man here]/ Numeration: {there, seems}
      b. *There seems a man to be here.

(1a)에서 기술된 도출시점에서 *a man*을 이동하는 것보다 배번집합에서 *there*를 병합하는 것이 더 경제적이라는 것이다. 이 추론은 병합이 이동보다 값싼 운용이기 때문에 병합이 이동보다 우선하여 적용된다는 것에서 비롯된다. 이동이 복사 더하기 병합으로 주어진 이상 이동은 진부분집합으로 병합을 포함하기 때문이다. 이 추론은 이동이 축적된 운용의 결과라는 것(이동이 병합보다 더 복잡하다는 것)과 복잡한 운용들보다 간결한 운용들이 적용된다는 것을 전제한다. 경제적으로 말하면, 이동보다 병합을 적용하는 것이 비용이 적게 든다.

이 주장은 이동이 축적된 운용이라는 것을 가정할 때만 가능하다. 이것을 조사하기 위해서, 이동 대신에 복사와 병합의 연속적인 적용이 있다고 가정해 보라. (1a)에서 기술된 도출시점에서 두 가지 선택인 복사 *a man*이나 병합 *there*가 있는데, 이 때 둘 중 하나의 운용을 적용할 수 있다. 어떤 근원적 운용도 다른 어떤 것보다 본질적으로 더 값비싸지 않다는 가정 하에, 복사나 병합 둘 다 이 시점에서 우선시되지 않는다. 하지만 복사가 선택되면, 다음 단계에서 복사를 병합하거나 *there*를 병합하는 것 중에서 선택하게 된다. 또 이런 운용들의 어떤 것도 다른 운용보다 더 경제적이지 않으며 (1b)는 도출될 수 있어야 한다. 어떤 사람은 전체적으로 병합이 이동보다 더 값싸다고 말할지도 모른다. 이 시점에서 이동보다 병합이 선택되면 그 도출이 더 빨리 끝나기 때문이다. 하지만 Chomsky가 주목한대로, 이것은 정확하지 않다. 왜냐하면 (1b)의 도출과 (2)의 도출이 같은 수의 이동과 병합운용들을 포함하지만 (2)만 받아들여지기 때문이다.

(2) There seems to be a man here.

(1b)와 (2)를 구별하기 위해서 경제성 주장은 국부적으로 평가되어야 하

는 것, 즉 도출시점에서 병합과 이동을 비교하는 것이 중요하고, 이를 위해 이동이 축적된 여러 운용의 결합물이라는 것을 가정해야 한다.

이 결론과 일치하는 MOM을 일으키는 다양한 방식이 있다. 예를 들면 병합이 복사보다 본질적으로 값싸다는 것을 제안할 수 있다. 하지만 이것은 운용 평가를 위해 자연스런 측정기준을 찾아야 한다. 위 제안의 장점은 운용 B가 운용 A를 진부분집합으로 포함하면 B는 A보다 더 복잡하다는 것을 전제한다는 것이다. 하지만 이것도 근원적 운용들이 축적되는 것이며 경제성을 위해 평가되는 것은 축적된 규칙들이라는 것을 가정한다.

다시 말하면, 위 내용은 MOM을 경제성 조건으로 시인하지도 않으며 MOM 이론을 일으키는 다른 방식이 없을지도 모른다고 주장할 생각도 아니다. 요점은 개별문법에서의 운용들은 더 근원적인 여러 운용들의 결합이라는 추론이 있으며 이것이 실제로 사실인지는 경험적 문제라는 것이다. 그것은 복합운용들이 어떻게 축적되며 그것들을 축적하기 위한 원리가 있는가 하는 흥미로운 문제들을 제기한다.

Chomsky는 종종 GB식 이론들은 규칙들이 특정구문에만 적용되지 않는다는 점에서 생성문법의 초기 이론과 대조된다고 말했다. 예를 들면, 표준이론(Standard Theory)은 수동(Passive)과 인상(Raising) 같은 규칙들을 포함한다. GB는 그런 규칙들을 없애고 더 간단한 규칙인 명사구 이동을 적용하여 그 규칙들을 대체한다. 이 규칙이 (3)에 적용될 때 인상(Raising)이라고 부르고, (4)에 적용될 때 수동이라고 부른다.

(3) John$_1$ seems [t$_1$ to be here]

(4) John$_1$ was arrested t$_1$

만약 이것이 사실이라면, 인상과 수동 같은 규칙들이 문법의 일부가 아니라는 것을 암시하는가? 또는 그 규칙들이 언어능력의 기본구조의 일부가 아니라는 것을 암시하는가? 달리 말하면, 어떤 것이 수동과 인상이 화자의 개별문법에 명사구 이동을 하위부문으로 포함하는 복합(축적된) 규칙으로 존재하는 것을 방해한다면 어떻게 될 것인가? 특정구문에 기반을 둔 규칙들이 UG의 일부, 즉 FL의 기본구조가 아니라 하더라도 원어민의 문법일부라는 것은 Chomsky의 초기 주장들과 일치한다.

UG에 대한 최소주의 개념에도 같은 주장이 적용된다. 위에서 언급된 대로, 원어민들은 개별문법을 습득하는 과정의 일부로서 기본운용들을 복잡한 여러 운용에 결합하는 것이 가능하다. 위의 예시는 이동을 복사 더하기 병합의 복합체로 포함한다. 어떤 것도 화자들이 인상과 수동 같은 운용들을 규칙 일부로 삼는 특정구문을 지니는 것을 막지 못한다. 만약 이것이 정확하다면, 최소주의는 그 자체로서, 구문들이 단순히 기본운용들의 축적된 복합체인, 특정구문에 기반을 둔 문법과 양립할 수 없는 것이 아니다.

이것이 대략 정확하다면, 문법의 "심리적 실재"를 둘러싼 문제들은 아주 미묘해진다. 축적된 운용이 UG의 기본구조의 일부가 아니어도 개인의 언어능력(linguistic competence)의 일부라는 의미가 있을 수 있다. 이것은 개인의 개별문법이 단순히 UG원리의 값이라는 일반적인 GB개념과는 대조를 이룬다. 이런 견해로는 규칙들은 당연히 따라오는 현상이다. 존재하는 모든 것들이 그 원리들, 그 값들, 그리고 이런 원리들의 상호작용에 따른 효과들이다. 그 자체로, 최종상태의 형태는 초기상태의 형태, 즉 같은 원리, 다른 값과 밀접하게 공통점이 있다. 원어민의 언어능력을 특징짓는 문법규칙의 형태가, 물론 축적된 하위운용들은 존재하지만, UG에 존재하지 않는다는 개념과 대조를 이룬다.

이것이 대체로 정확하다고 생각해 보자. 규칙들은 어떻게 축적되는가? 가장 간단히 보면 축적은 노출에 의해서 작동된다고 보는 것이 자연스럽다. 그 모습을 살펴보면 아이의 일은 그 언어에 대한 문법을 발전시키는 것이다. 문법은 기본운용들로 시작하고 들어오는 최초언어자료(primary linguistic data: PLD)에 맞추어 기본운용들을 사용한다. PLD가 <PF, LF> 쌍으로 구성되어있다고 가정하여 다음은 그 절차를 설명할 수 있다. 아이는 (5)를 듣고 통사적 주어가 *kiss*의 논리적 목적어라는 것을 안다.

(5) John was kissed.

UG는 아이가 이것을 *John*이 *kiss*의 목적어로 해석된다고 분석하는 것을 허용한다. 모든 문법관계가 연결(Concatenate)하에서는 면제되기 때문에, *John*과 *kiss*사이에는 관계가 있어야 한다. 따라서 *kiss*와 연결된 *John*의 복사가 있어야 하고 이것은 내부논항으로 표지되어 V가 요소를 표지해야 한다. 마찬가지로, *John*은 격을 위해 T와 연결되어야 한다. 격은 핵을 인허하는 격과의 일치에서 면제되기 때문에, *John*과 한정절 T사이에는 연결이 있어야 한다. 이것은 (6)에 있는 구조를 보여준다.

(6) [T John [T T-finite […[V kiss John]]]]

더 많은 구조가 더 많은 정보를 기초로 하여 채워진다. 예를 들면, *kissed*가 *kiss*의 과거분사이고 *kiss*가 타동사라는 것은 *v* 투사가 있다는 것을 인허한다. 여기서 이동이 명백히 요구되므로, *v*는 격을 표시할 수 없다. 이 추론은 UG원리와 기본운용 목록에 관한 특정한 가정에 기초하고 있다. 이것들이 주어지면, 첫째로 습득은 UG의 기본운용과 원리들에 의해 적합한 자료집합인

PLD에 맞추어 움직여가는 과정(curve fitting exercise)으로 해석될 수 있다. 운용들이 자주 함께 회귀된다면, 그들을 문법자원을 효과적으로 사용하는 한 단위로 묶는 것이 자연스럽다. 예를 들면, 복사+병합을 이동으로 축적하는 것이 복사에 뒤이어 일반적으로 병합이 나온다면 상당히 의미가 있을 것이다. 연결+표지에 대해서도 마찬가지다. 요점은 기본운용들이 연결, 복사, 그리고 표지라고 하더라도, 이동과 병합이 원어민의 운용목록의 일부라는 것을 부인할 이유가 없다는 것이다.

또한 축적하기는 병합과 이동에 대해서도 계속된다. 아이가 많은 수동문장을 접한다고 가정해 보자. 그러면 그 아이는 수동분사의 형태론(즉 *en*)과 의미역구조에 민감한 수동을 한 요인으로 뽑아낼 수 있을 것이다. (6)이 초기 언어자료(PLD)에서 건전한 자료라면, 그 아이는 이 정보를 기저도출을 생성하기 위한 손쉬운 문법을 발전시키는데 사용할지도 모른다. 그 아이가 수동분사 형태와 이것이 암시하는 모든 것(v에 의한 격이 없고, V에 의해 의미역 표시되고, V에 연결되고 V에 의해 표지되는 것)을 안다면, 이 정보는 구조기술(structural description)과 구조변화(structural change)가 한 복합운용으로 저장될 수 있는 한 규칙 속에 함께 저장될 수 있다. 이런 방식으로 문법의 특정 구문 규칙들이 축적될 수 있고 원어민의 언어능력 기초를 형성할 수 있다. 그 규칙이 얼마나 유기적으로 관련되는지(구조기술과/또는 구조변화가 얼마나 복잡한지)는 이 정보를 축적하는 것이 얼마나 유용한지를 나타낼 것이다. 그 구문이 일반적이면 일수록 근원적 운용들을 축적하여 특별한 문맥에 민감한 규칙으로 만드는데 더 많이 지불해야 할 것이다. 요컨대 축적하기는 값싸지만 그 지불이 광범위한 경우에 자주 적용될 때 축적하기가 일어난다는 것이다.

만약 이것이 정확하다면, 생성문법의 초기이론에서 발전된 체계는 재탐구되어야 한다는 것을 암시한다. 특히 α-이동 이전에는 규칙형식이 SDs(구조기술)와 SCs(구조변화)를 포함하는데, SDs와 SCs의 상대적 비용에 너무 많은 관심이 낭비되었다. 핵심적 질문은 문맥변항(context variables)의 비용은 무엇인가? 어떤 표현들이 문맥변항의 역할을 할 수 있는가? 최종요소들은 가능한 문맥요소들인가? 모든 문맥변항들이 그 규칙에 의해 영향을 받아야하는가? 그들은 영향 받는 것 바로 옆에 있어야 하는가? 등이다. 이런 질문들은 α-이동이 UG의 유일한 규칙이 되었을 때 사라졌다. 하지만 적은 수의 UG운용들만이 있다는 것은 원어민들이 규칙적으로 사용하는 더 큰 복잡하고 세련된 규칙들을 만드는데 UG운용들이 문맥정보와 함께 축적될 수 있고 결합될 수 있다는 것이다. UG와 FL의 기본운용들이 구문 특정적이 아니라고 하더라도 그런 축적이 일어나는지 아닌지는 경험적 문제이다.

개별문법이 이동 같은 규칙을 포함하고 복잡한 SDs와 SCs를 허락한다면 금지보다는 유표성(markedness)으로 문법조건에 대해 이해하는 것이 자연스러울 것이다. 초기 생성문법에서 Ross(1967)는 조건을 변항 해석을 제한하는 것으로 이해했다. 이런 개념으로는, 충분한 문맥이 SD와 SC에 제공된다면 어떤 조건을 위반하여 변항을 제거하거나 최소화하는 것이 가능하다. 이런 체계에서는 무시하기가 비용이 들 뿐 어떤 조건도 위반할 수 없는 것이 없다. 한 예시가 이런 관점을 분명하게 해 준다. 통제의 이동이론(Movement Theory of Control: MTC)을 생각하고 (7) 같은 예에서 *promise*에 대한 주어통제가 *John*이 *Mary*를 넘어 이동하기 때문에 최소성을 위반한다고 규정하자.

(7)   John promised Mary [t to leave]

(7)의 예문은 통제의 이동원리(MTC)가 거짓이라는 주장의 근거로 제시되어 왔다. 하지만 그것은 *John*을 상위 의미역자리에 관련시키는 규칙이 무엇인

가에 달려있다. 그것이 이동(D/NP)이라면, 그것은 최소성을 위반한다. 이 규칙의 SD와 SC는 (8)이며, 여기서 X와 Y는 변항을 나타낸다.

(8)   SD: X   NP   Y   →   SC: X   NP   Y
          1   2   3   1   2   3

(8)에서 변항들은 아무 것도 명기하지 않기 때문에 변항들은 무시될 수 있다. 하지만, 명시적으로 변항들의 존재를 언급하는 것은 최소성이 유표성 조건으로 어떻게 이해될 수 있는지를 분명하게 한다. 다시 말해서, 명사구 이동은 변항을 포함하고((8)에서 X) 명사구 이동은 최소성을 준수해야하는 제약이기 때문에 또 다른 성분통어하는 NP를 넘어 걸쳐있는 X를 (8)에 적용하는 것은 금지된다. 하지만 명사구 이동을 다른 가능한 규칙으로 실행할 수 있다.

(9)   SD X promise NP_1 NP_2 Y   →   X NP_2 promise NP_1 Y

규칙 (9)는 특정한 문맥을 가진 *promise*에 대한 이동규칙이다. (9)에서 이동은 변항을 넘지 않아 최소성은 관련이 없다. 따라서 (9)는 (8)처럼 직접목적어의 존재로 방해받지 않는다. (9)가 (8)보다 상당히 더 복잡하기 때문에 이것에 대한 비용은 있다. (9)는 적어도 두 개의 문맥변항인 *promise*와 NP_1을 포함한다. 그 규칙에 들어있는 복잡성은 (9)가 (8)보다 더 유표적이라는 것을 나타낸다. (9)와 같은 규칙은 유표적이고 *promise* 같은 동사에서 주어통제는 유표적이라는 것이다.

문제가 되고 있는 것을 분명히 하면 두 가지 문제로 나뉘어져야 한다. 즉, 기본운용의 목록은 무엇이며 원어민의 개별문법에 축적된 운용들이 있는가

하는 것이다. 최소주의 정신을 위반하지 않고도 사람들은 두 문제에 모두 "예"라고 답할 수 있다. 이것은 문법연구에서 구문들에 역할을 허용하는 것이고, 또 이전 기술이 어떻게 언제 축적된 운용들이 구축되는가의 구조 연구에 도움이 된다는 것이다.

6.2.2. 언어습득과 매개변항 설정

GB는 FL구조에 대해 원리와 매개변항 견해를 제공하며 언어습득에 대한 설명을 한다. 언어학습은 명기되지 않은 원리와 규칙들의 매개변항을 설정하는 일이다. 한 언어의 문법이란 이런 개방된 매개변항에 대한 설정/값(settings/values)의 벡터로, +*pro* 탈락, -V2, +제자리 의문사구, α-이동(α=VP), 선핵(initial head) 등이 있다. 이것은 언어습득에 상당히 영향을 끼치는 설명이었고 값에 대해 경험적이고 이론적인 연구를 일으켰다. 하지만 최근에는 사물에 대한 이런 견해가 두 가지 이유로 약화되었다. 첫째는, 매개변항에 대한 경험적 근거가 심각하게 도전받았다. 둘째로, 매개변항에 대한 인식론상의 유용성이 의문시 되었다. 이 두 논점을 차례로 생각해 보자.

언어습득의 매개변항 설정개념을 지지하는 가장 강력한 주장은 언어학습(그리고 언어변화)이 한꺼번에 이루어진다는 것이다. 단일 매개변항에서의 작은 변화가 문법을 통해서 구분될 수 있고 그 결과로 상당한 표층차이가 생긴다. 이것은 상당히 관심을 끄는 생각이었다. 하지만 그 생각은 바라는 대로 성공하지 못했다. 경험적으로 단일 매개변항 값 주위에 몰려있는 문법현상들을 찾아내기가 어려웠다. 특히, 지금까지의 많은 제안들은 그 제안된 매개변항이 몰려있는 것이 언어 도처에서 별개로 다양하게 나타나는 문제에 직면한다. 만약 그렇다면, 그런 집중발생(clustering)은 단일 매개변항 값으로 조사될 수 없다. 이것은 매개변항 설정이 언어습득에 포함되지 않는다는 것이 아니라, 매개변항 이론에 대한 최선의 증거가 준비되지 않았다는 것을 의미한다. Newmeyer(2004)는 가장 유망한 제안들이 경험적으로 부족하다는 것을 발견한다. 마찬가지로 Kayne은 최근 연구에서 기대하는 대규모 상관관계를 사실상 구하지 못한다고 제시하면서 Baker가 주장한 유형의 매크로-매개변항(macro-parameters)의 존재를 반박했다. Kayne은 여러 종류의 변화를 묶는 매크로-매개변항 대신에 언어들 간 차이에 영향을 미칠 수 있는 마이크로-매개변항(micro-parameters)을 탐구한다.

　매개변항 설정모델을 지지하는 두 번째 이유는 Plato의 문제에 적어도 한 가지 해답을 제공한다는 것이었다. 그 생각은 언어습득을 매개변항 설정으로 해석하는 것이 아이가 모국어의 무수히 많은 가능한 규칙들을 배우는 것보다 더 쉽다는 것이다. 다시 말해서, 초기언어자료(PLD)는 규칙보다 매개변항 값을 위해 더 쉽게 조사될 수 있다는 것이다. 이것도 역시 깊이 생각해보면 분명하지 않다고 증명되었다. 예를 들면, 매개변항의 마이크로 개념에서는 문법들 간 차이는 자료를 기초로 하여 하나씩 학습될 것이다. 따라서 매개변항이 한 종류의 언어자료를 기초로 하여 설정되고 다른 종류들은 무임승차로 따라온다는 GB를 설정하면, 마이크로-매개변항 개념에 대해서는 무임승차가 별로 없다. 만약 그렇다면, 매개변항 설정은 규칙학습이 그렇듯이 PLD에 맞추게 된다. 따라서 매개변항 값을 찾는 것은 전체적으로 언어자료에서 패턴을 찾는 것과 크게 다를 필요가 없다.

　두 번째 중요한 문제가 있다. 즉 매개변항 설정을 위해 언어의 어느 정도까지 조사되어야 하는가? 만약 어떤 매개변항의 값이 고정되기만 하면 그 값이 변하지 않을 것인가? 매개변항 값이 개별적이라면 매개변항 설정문제는 상당히 쉬워진다. 하지만 현재 각각의 매개변항 값은 모든 매개변항의 값에 다소 민감하게 관련되어 있는 것 같다. 만약 이것이 정확하다면, 매개변항 설정은 하나씩 진행될 수 없으며 매개변항 값은 PLD를 고려하여 전체적으로 정해진다. 따라서 처음 예상과는 다르게 매개변항의 존재가 습득과정을 국한할 필요가 없다.

이 두 결론의 결과는 문법의 매개변항 설정모델의 경험적이고 인식론적 유용성을 문제시하는 것이다. 최소주의자들은 비슷한 결론에 이르는 또 다른 방법을 제공한다. GB는 한정된 수의 이분지(binary) 매개변항을 주장한다. FL 자체가 그 매개변항을 특성화한다는 점에서 이 매개변항들은 UG에 내재적이다. 따라서 GB에 의하면, FL은 문법들 간의 가능한 차이의 목록을 포함한다. 이런 이유로 가능한 문법의 수가 아마도 크지만 한정적이다. 이와 같이 자연언어 문법은 제한되게 여러 방식으로 서로 다를 뿐이다. FL이 유전적으로 결정되는 것이라면, 게놈(genome)이 자연언어 문법들의 불변의 특성들(즉, 보편문법 원리들)과 이것들이 원어민내에서 실현될 수 있는 가능한 방식들을 명기해야 한다는 것이다. 최소주의 프로그램은 불변의 것들이 유전적으로 특정된다고 가정한다는 점에서 GB를 따른다. 여기서 제안된 설명으로는 이것은 기본적 운용목록 더하기 경로 최소성 원리(Path Minimality Principle)일 것이다. 사실상, 방법론적으로 말하면 UG가 더 풍부한 이론이기 때문에 UG를 특정 매개변항이라고 주장하는 사람들에게 증거를 보일 부담이 있다. 만약 게놈에서 정보를 특정화하는 것이 값비싸고 또 게놈이 작용하는 자연환경이 필요한 정보를 믿을만하게 제공하지 못할 때에만 정보가 특정화된다고 가정한다면, 생물학적으로도 사실일 것이다. 하지만 환경이 믿을만하다면, 관련 정보들은 유전적으로 특정될 필요가 없으며 그렇게 되지 않을 것이다. 언어의 경우, 관련된 질문은 문법들을 세우기 위한 불변의 기본운용들과 원리들만 주어지면 PLD는 LAD가 문법을 세우는데 충분한지, 아니면 문법을 만드는 것은 매개변항적 선택의 분명한 내생적(endogenous) 특정화를 요구하는지이다. 지금까지 언급한대로, 이런 매개변항들이 무엇인지 분명하지 않으며 또한 매개변항들을 특정화하는 것이 실제로 습득과정에 도움을 주는지가 분명하지 않다.

특정 매개변항에 대한 생각을 버린다고 잠시 가정해 보자. 그렇다면 무슨 일이 있는가? GB의 한 가지 흥미로운 특성은 GB가 내놓는 그림이었다. LAD는 열린 스위치를 가진 기계로 유추된다. 학습은 스위치를 켜거나 끄는 것과 마찬가지다. 그러면 특정 문법은 이런 스위치의 두 곳 중 한 곳에서의 벡터(vector)에 지나지 않는다.[78] 이런 견해가 주어지면, 기껏해야 2^P 문법(P=매개변항 수)이 있다. 요약하면 문법들 간에는 한정된 만큼의 가능한 변이가 있다.

우리는 이런 습득그림을 또 다른 것과 대체할 수 있다. FL이 기본운용과 최소성 같은 적용에 관한 조건들을 제공한다고 생각해 보자. 습득과정은 이런 주어진 운용들을 사용하여 맞추어 움직여가는 과정으로 간주될 수 있다. 이런 문법 개념에 대한 가능한 유추는 직선 자와 컴퍼스를 사용하여 그릴 수 있는 다양한 기하학적인 그림이다. 다른 가능한 그림의 수에 관해 상위경계가 없다. 하지만 그릴 수 없는 그림들이 많다. 예를 들면 20도 각을 지닌 삼각형은 없을 것이다. 마찬가지로, 언어들은 맞추려고 애쓰는 PLD에 의존하는 많은 다른 규칙들을 임의적으로 포함할지도 모른다. 하지만 어떤 것도 선행사가 선행사의 의존자에 의해 성분통어되거나 wh 요소를 더 하위의 CP로 하향시킴으로써 의문문이 형성되는 결속관계를 포함하지 않을 것이다.

이런 견해가 다양하게 서로 다른 언어들과 양립할 수 없는 것은 아니라는 것을 주목하라. 모든 의존관계는 외현적 이동에 의해서 형성되지만 때로

---

[78] 벡터는 크기와 방향을 가지고 있는 양으로써 두 가지 정보를 모두 표현할 수 있는 화살표로 표시한다(네이버 백과사전 참조).

는 상위복사와 때로는 하위복사와 함께 형성될 수도 있다. 일부 언어들은 항상 이런 저런 규정을 따르는 것이 가능하다. 또한 일부 언어들은 최하위 복사를 때로는 최상위 복사를 해석하면서 혼합하고 부합시키는 것이 가능하다. 여기서 어떤 것도 언어들이 이전 유형의 주요한 정책들을 채택하는 것을 막지 않는다. 하지만 예상치 못하는 것은 언어/문법들이 최상위 복사를 발음하거나 최하위 복사를 발음하는 둘 중 하나로 적절히 나뉘어야 한다는 것이다. 다시 말해서, 우리는 마이크로-변이(마이크로-매개변항)인 차이들을 발견하고 이런 차이들이 PLD를 사용하여 발견될 수 있기를 기대한다.

6.2.3. 섬 제약

여기서 약술된 제안은 GB 일반원리의 중요한 집합 중 하나인 섬 효과(island effects)에 관해서는 아무 것도 말하지 않았다. 이동이론은 최소성이나 이기원리(Greed)에 속하기 때문에, 일부 이동이론은 이동이 성분통어하는 자리로 일어나는 요건과 A-이동에 대한 국부성 제약이 논의되었다. 하지만 현재의 제안은 A'-이동에 관한 국부성 제약 즉, 하위인접(Subjacency)이나 공범주원리(ECP)에 속하는 것들에 대해 아무 것도 말하지 않는다. 따라서 현재 제안들이 다양한 섬 구조에 관한 가정에 의존하면서 확대하는 것은 가능할 것이다. 여기서 섬 효과에서 가능한 한 가지 확대현상을 간단히 살펴보자. 섬 효과들은 두 가지 범주, 즉 약한 섬(weak island)과 강한 섬(strong island)에 속한다. 약한 섬은 Wh 섬, 내부 섬(Inner Island) 그리고 부정 섬(Neg Island)를 포함한다. 강한 섬은 부가어 섬, 복합명사구 섬 그리고 주어 섬을 포함한다. 그들이 최소성 설명이나 의미적 조건에 속하는 것을 가정해서 생겨나는 약한 섬을 논하지 않겠다. 두 가지 강한 섬들인 부가어와 복합 명사구를 논의해 보자. 부가어섬과 복합 명사구섬의 관계절 설명은 부가어에서의 추출을 포함하기 때문에 같은 부류이다. 따라서 부가어에서의 이동을 막는 것이 무엇이든 관계절이 일종의 부가절이기 때문에 관계절에서의 이동으로 확대해야 한다.

    (10) X ^ [$_{adjunct}$ …Y…]

그러면 부가어섬과 복합명사구섬의 관계절 설명은 비표지된 연결(unlabelled concatenate)의 일부인 복합표현(complex expressions)에서의 이동을 포함한다. 왜 이런 종류의 이동은 문법적으로 금지되는가? 다음의 가능성을 고려해 보자.

이동 의존관계는 경로에 의해서 계산되는 최소성에 의해서 규제된다. 짧은 경로는 긴 경로보다 유리하다. 만약 모든 이동이 한 경로위에 있어야하고 표지없는 연결이 경로를 나누는 방식으로 경로들이 계산된다면 어떻게 되는가? 이런 생각을 실행하는 다양한 방식들이 있다. 후자의 가정은 GPSG 이동 설명에서 범주표지를 위해 사선범주표기에서 이미 암시한다. 추출자리에 대한 정보는 사선범주로 표시되고 이런 것들은 이동의 시작자리와 이동자의 외현적 자리를 연결한다. 마찬가지로 Kayne(1984)에서 g-투사범주는 경로들을 계산하는 방식으로 해석될 수 있다. 비표지된 범주들이 g-투사할 수 없으면 비표지된 요소에서의 이동은 연결성(connectedness)을 위반할 것이다. 또는 Takahashi(1994)에서 주장했듯이 이동자(Mover)가 그 이동자와 표적사이의 모든 마디와 연결해야 한다고 가정하면, 또 다시 이동은 (10)에서 부가어로부터 방해받을 것이다. [X ^ 부가어]가 표지되지 않아 연결어가 될 수 없으므로, Y는 [X ^ 부가어]와 연결할 수 없다. 각각의 이런 실행들은 이동자와 표적사이에 일련의 표지된 투사범주들이 있어야 한다는 점에서 경로들이 계속적이어야 한다는 것을 가정한다. 표지의 부재가 연결을 방해하기 때문에, 세 가지 실행 중 Takahashi의 주장이 현재의 제안에 가장 적합하다. 하지만 세 가지 방식에서 모두 본질적인 생각은 동일하다.

Stowell(1981)에서 제안했듯이 명사에 대한 문장 보충어들(complements)이 보충어라기보다는 부가어라고 가정하면, 그 논의는 명사 보충어구문까지 확대된다. 만약 주어들이 어떤 이유로 경로를 위반하면 주어들은 비슷하게 동화될 수 있다. Kayne(1984)은 기본적인 핵지배에 의해 g-투사범주를 제약함으로써 이 결과를 얻는다. 특히 기본적으로 핵지배되는 요소들만이 g-투사할 수 있다. 영어에서 이것은 좌측에 있는 핵에 의해 지배될 것을 요구한다. 주어들이 그렇게 지배되지 않기 때문에 주어들은 g-투사할 수 없다. Chomsky(1986)는 의미역으로 표시된 DP들에 부가를 금지함으로써 유사한 결과를 얻는다. 주어들이 의미역 표시되므로, 부가는 금지되고 이것이 경로를 위반하도록 한다. 하지만 섬 현상에 관해 현재의 가정이 주어지면 이것은 주어를 부가어와 복합명사구와 분리시킨다. 이것이 긍정적 결과인지는 분명하지 않다. 부가어와 복합명사구가 여전히 섬이지만 주어조건이 지켜지지 않는 언어들이 있다. 영어에서조차 (11a)와 같은 문장들은 (11b, c)에 있는 문장들보다 더 수용가능하다.

(11) a. What sorts of cars do you expect drivers of to carry high insurance.
b. What sorts of cars did you meet people who drive.
c. What sorts of cars did you get angry at Sue because people drive.

여하튼 몇 가지 섬들을 일반적 설명으로 통합하려는 방식이 있는 것 같다. 이런 방식이 경험적으로 충분한지 이론적으로 확실한지는 분명치 않다.

이런 문제들은 지금 논의하고 있는 프로젝트의 범위를 넘어 있다.

6.2.4. 양방향가능성

문법의 핵심적 구조특징 중 하나는 문법이 문장을 듣고 해석하고 발화하는데 사용된다는 것이다. 문법은 이를 위해 어떻게 사용되는가? 문장해석과 발화는 의미와 소리를 짝지우고 문법이 PF-LF 쌍을 만들어내므로, 문법은 이를 실행하는데 유용해야 한다. 또한 문법이 PF-LF 쌍을 가능하게 하는 방식은 문법을 생성하기 위해 한정된 방법을 제공하는 것이다. 그때 분명한 문제가 제기된다, 문법이 PF-LF 쌍을 생성하기 위해 사용하는 운용들은 PF-LF 특성들을 지닌 문장들을 해석하고 발화하는데 사용되는 운용들과 유사한가? 한 가지 그럴듯한 가정은 문장을 생성하는 다소 같은 운용들이 문장을 해석하고 발화하는데 사용된다는 것이다. 다시 말해서, 문법의 근원, 원리와 운용들과 문장해석자/발화자의 운용들 사이에 비교적 명백한 관계가 있다. 이 논제에 대한 강한 입장에 의하면 문법에 의해 명시되는 모든 운용, 원리 구성들은 청자/화자의 운용, 원리, 구성과 똑같다. 약한 입장은 문법의 일부 특성들을 명백한 것으로 보는 반면 문법의 다른 특성들을 불투명하게 해석한다고 본다.

문장해석에서 문법의 중심역할에 비추어, 운용 원리, 구성들이 수행체계에 의해서 직접 사용가능한 명백한 문법들이 덜 명백한 문법들보다 우선되어야 한다고 본다. 결국, 문법들이 사용되면 언어적 구조는 실시간에 문법원리에 따라 구성되어야 한다는 것이다. 그 문법이 사용하는 똑같은 원리, 운용, 구성들을 사용하여 이런 구조들을 구축하는 것보다 더 나은 방식은 무엇인가? 이것이 정확하다면 그것은 흥미로운 결과를 낳게 된다. 즉 문법의 운용과 원리는 양방향가능해야(reversible) 한다는 것이다. 이것이 의미하는 것은 그것의 운용과 원리가 구조를 구축할 때 (문장을 문법적으로 도출할 때) 상향식방향이든 (실시간에 문장을 해석할 때) 하향식방향이든 방향에 상관없이 항상 유효하다는 것이다. 정보의 흐름방향은 원리의 적용가능성에 영향을 끼쳐서는 안 된다. 요컨대 원리들은 방향에 무관하게 유효해서 양방향가능해야 한다. 다음에서 살펴보자.

Chomsky(1986)에 있는 n-하위인접의 정의를 생각해 보자.

(12) β가 α에 n-하위인접하려면 α를 배제하는 β에 대한 장벽이 n+1 보다 적어야 한다.

(12)의 정의는 비대칭적이다. 다시 말해서 β가 α에 n-하위인접한 것은 α가 β에 n-하위인접한 것을 암시하지 않는다. 사실 β를 배제하는 α에 대한 장벽이 있을 수 없는 경우처럼, α는 항상 α가 성분통어하는 것에 0-하위인접할 것이다. (13)은 요점을 설명해 준다.

(13) [$_{CP}$ Who$_2$ did [$_{TP}$ you [$_{VP}$ meet [$_{DP}$ a man [$_{CP1}$ t$_2$ who$_1$ [t$_1$ likes t$_2$]]]]]]

(13)에서 CP와 DP는 t_1을 관할하고 who_2를 배제하는 장벽이기 때문에 CP와 DP는 t_2에 대한 장벽이다. 하지만 who_2를 관할하지만 t_2를 배제하는 장벽이 없다.

이런 경우에는 어느 방향으로든 다 설명이 된다. (12)에 기초하는 하위인접원리는 하향식 적용방향을 가질 것이고, 방향성은 그 체계 속에 구축된다. 하지만 양방향가능성이 바람직한 문법특성이라는 정도로 그런 원리들은 소홀히 여겨진다.

주장되어온 다른 양방향 가능하지 않은 운용들과 원리들이 있다. 두 가지를 더 생각해 보자. 다음의 결빙원리(freezing principle)가 최소주의자 설명의 일부이다.

(14) 결빙: 격 표시된/점검된 DP는 더 이상 문법처리에 영향받지 않는다.

이것은 일반적으로 격 점검된 DP를 더 이상 병합/이동 운용에서 금지하는 것으로 이해된다. 그것은 왜 인상(Raising)이 한정절에서 금지되는지를 설명하기 위해 사용된다(*John seems t is tall). 결빙의 유용성이 무엇이든 간에, 그것은 양방향가능한 원리가 아니다. 이것은 (A-)연쇄의 대표적 구조를 고려해 보면 알 수 있다. DP연쇄의 핵은 격 자리에 있고 그 연쇄의 최하위(foot)는 의미역 자리에 있다. 결빙원리가 더 이상의 이동과 연쇄 확대를 금지하기 때문에, 그런 연쇄의 핵이 격 자리에 있다는 것은 곧 (14)를 반영한다. 하지만 (14)가 어떻게 문장해석에 적용되어 하향식으로 가는지를 생각해 보라. 만약 문장해석이 정당한 구절표시(phrase marker)를 구축한다고 가정하면, 문장해석은 DP를 격 자리에서 궁극적으로 의미역 자리로 이동함으로써 (하강) 진행해야 한다. 하지만 이것이 정확하다면 구절표시를 하향식으로 구축할 때 (14)는 유지되지 않는다. 왜냐하면 (14)는 DP가 격 점검된 후에 의미역 자리로 이동할 것을 요구하기 때문이다.

여기에 관련성이 명백한 마지막 한 예가 있다. 앞 장에서는 *일치*(AGREE)에 반대하고 이동(Move)을 지지하여 주장했다.[79] 특히 현재의 탐색어/목표어(Probe/Goal) 문법구조에서 약술된 대로 *일치*는 어떤 이론적이고 경험적인 한

---

79) *일치*(AGREE)는 장거리 일치를 의미한다.

계를 지닌다고 주장했다. 흥미롭게도 탐색어/목표어 체계도 양방향가능하지 않다. 그 이유는 탐색어가 그 목표어를 비대칭적으로 성분통어한다는 생각이 탐색어/목표어 체계 속으로 구축되기 때문이다. 이동은 두 부분으로 구성되는데, 즉 탐색어와 목표어 사이에 유지되는 *일치*와 (EPP 때문에) *일치*하는 탐색어로 목표어를 이동하는 것으로 구성된다. 이것이 양방향가능하지 않은 것은 이동의 표적인 탐색어가 목표어를 성분통어해야하는 것이다. 이것은 격자리가 의미역 자리를 성분통어하기 때문에 의미역 자리에서 격 자리로의 이동에는 좋다. 하지만 의미역자리가 격 자리에 있는 요소들을 성분통어하지 않아 탐색할 수 없기 때문에 양방향 상황에서는 그것은 가능하지 않다. 이것은 하향식방향으로 격 자리에서 의미역 자리로의 이동을 방해한다. 만약 이것이 정확하다면 다양한 탐색어/목표어의 *일치*에 기초를 둔 체계는 양방향가능하지 않다.

흥미롭게도 이동에 기초를 둔 문법들은 방해받지 않는다. (복사와 병합인) 이동은 양방향가능하다. 구절표시가 구축되는 방향에 무관하게 그 운용은 잘 정의된다. 하위로(low) 복사하고 병합하는 것보다 상위로(high) 복사하고 병합하는 것이 더 어렵지 않다.

이것의 결과는 무엇인가? 만약 정확하다면 문법적 주장들을 열거하는 한 가지 방법은 그 운용들이 얼마나 양방향가능한지에 의해서다. 양방향가능한 문법을 지지하거나 가치를 두는 최소주의자의 이유가 있는가? 그렇다. 문법들이 문장해석과 발화를 위해 문법들을 사용하는 인지적 요소들과 결부된다. 양방향가능한 문법들은 이런 목적으로 사용하기가 그렇지 않은 것보다 더 쉽다. 문법의 투명성이 더 높을수록, 문법에서 파서(parser)로의 사상이 더 순조롭기 때문이다. 최소주의처럼 순조로운 접합점 조건들이 선호된다고 보면, 투명한 문법에 프리미엄을 줄 수 있다. 또한 양방향가능성 조건은 많은 현존하는 제안들을 배제하는 문법적 선택사항에 대한 제약을 부과하는 것 같다. 양방향가능성 조건은 문법연구에 언어수행 연구를 밀접하게 연결하여 언어능력과 언어수행 요인들 간의 구분을 느슨하게 한다.

6.2.5. 이동의 이유

마지막으로 한 가지 매우 분명한 문제가 있는데, 앞으로 다룰 주제에서 분명히 할 가치가 있다. 앞 장들에서 UG의 기본운용들을 설명하면서 그 운용들을 일반 인지구조의 일부인 것들(연결, 복사) 그리고 FL에 특정한 것(표지)으로 분리하였다. 이런 기본운용들이 문법법칙에 맞추어 문법구조를 생산하기 위해서 어떻게 작용하는지를 약술했다. 이것이 성공적이라면 인지적으로 신경학적으로 좀 더 근원적인 가정들에서 문법법칙들을 도출하게 된다. 하지만 이 노력이 제기하지 않은 자연언어 문법의 몇 가지 중요한 특성들이 있다. 그 중 가장 중요한 것은 왜 문법이 이동을 포함하는가이다.

이 질문은 이동이 실제로 개념적으로 필요한가와는 다르다. Chomsky는 이동은 병합 개념의 한 예에 지나지 않으며 병합은 문법의 일부여야 한다고 간주한다. 그가 옳다면, 병합을 지니는 문법은 특별한 경우로 내부병합(즉 이동)을 지닐 것이다. 위에서 약술된 대로 이동을 가장 기본적인 운용인 연결, 복사의 필연적인 산물로 취급한다. 문법들은 이동을 위한 자질들을 가능한 운용의 일부로 갖고 있다고 여긴다. 이런 의미에서 이동의 존재는 놀라운 것이 아니다.

하지만 이것은 왜 자연언어 문법이 장거리 의존관계를 포함하는지를 설명하지 않는다. 자연언어 문법들은 FL의 타고난 자질들이 가정되면 그런 의존관계는 쉽게 암호화될 수 있다고 언급한다. 왜 문법이 비국부적 의존관계를 포함하는지를 설명하지 않는다. 장거리 의존관계가 존재하는 주된 이유는 문법이 요소들이 다중 핵을 지니고 다양한 관계를 맺기를 요구한다는 것이다. 예를 들면, DPs는 의미역 표시되고, 격 점검되고, 또 Wh처럼 A'-자질을 위해 점검되어야 한다. 이런 자질들이 다른 핵에 점검되어야 한다면 이동은 DP를 점검될 핵에 충분히 가깝도록 할 수 있다. 이와 같이 문법이 이동을 나타내는 이유는 표현들이 다른 핵에 점검되어야 하는 다양한 필요조건을 가진다는 것이다. 다중자질을 단일 핵(예, 의미역, 격, wh-자질)에 둘 수 있다면, DP의 모든 필요조건은 첫 번째 병합에서 실행되는데, 이것이 가능하지 않고 그 결과로 이동이 일어난다. 문제는 왜 이것이 가능하지 않은가? 이다. 왜 핵들은 다양한 자질의 다중집합을 지닐 수 없는가? 아직까지는 이 질문에 아무 것도 제기하지 않았다.

현재 두 가지 대답이 나온 것으로 생각된다. 첫 번째 대답은 이동은 접합점 필요조건에 의해서 요구된다는 것이다. 이것은 언어는 정보를 전달하기 위해 사용되고 요소들을 이동함으로써 상당히 쉬워진다는 것이다. 종종 신정보(초점)나 구정보(화제)가 그 절의 주변으로 이동된다고 보았다. 아마도 신/구 정보 접합점 체계가 사물이 강조되기를 좋아하고 관련자료를 그 절의 가장자리로 이동하는 것이 이것을 성취시키기 때문이다. 문법이 접합점의 필요조건들을 촉진한다고 가정하면, 가장자리로의 이동은 우리가 찾고자 하는 것일지도 모른다.

두 번째 대답은 좀 더 형식적이다. 그것은 핵이 얼마나 많은 다른 자질들을 수반할 수 있는지에 대한 본질적인 한계에 달려있다. 그 직관은 Pollock (1989)과 Infl의 급격한 증가로 거슬러 올라간다. 이 연구의 직관은 핵과 자질 사이에 상호-유일성(bi-uniqueness) 관계가 있다는 것이다. 다시 말해서, 모든 핵은 단 하나의 자질집합을 수반한다는 것이다. 예를 들면, Infl에서 시제와 일치자질을 구분하고 각각은 별개의 T^0와 Agr^0 핵에 포함된다. 이 직관은 약간의 변이가 있었지만 최소주의 프로그램으로 전해졌다. 그 초기 접근법 (Chomsky 1993, 1995a)은 의미역 정보에서 일치와 격 정보를 분리했다. 예를 들면 GB에서 목적어는 동사에 의해 의미역과 격이 할당되었다. 초기 최소주의에서는 동사는 DP를 계속 의미역 표시하지만 또 다른 핵(Agr 또는 v)이 격을 점검했다. 주어진 DP에 대해 격 점검과 의미역 할당을 분리하는 것은 가장 최근의 설명에도 계속된다. 핵은 다중자질을 수반할 수 있으나 (v가 의미역 할당하고 격 점검함) 핵이 같은 DP에 대해 이 두 자질을 점검할 수는 없다. 그럼에도 불구하고, 주어진 DP에 대해 별개의 핵들이 이 자질들을 점검한다는 생각은 계속된다. 그런 문법의 분리가 어떻게 핵이 자질을 수반하고 점검하는지에 대한 고유한 특성이라면, 이동에 의해 핵을 자질점검이 일어나는 올바른 국부적 형상에 넣어야 한다.

　이런 설명은 장점도 있고 단점도 있으며 그것들은 양립할 수 없는 것은 아니다. 하지만 그들은 충분히 발달되지 못하고 대체로 알려지지 않은 요소에 의존하고 있다. 예를 들면, 우리는 접합점 요소들에 대해 거의 알지 못하고, 접합점 요소들을 우리가 필요한 필요조건들로 채울 수 있다. 왜 문법이 이동을 통해 접합점 요건들을 도와야 하는지가 분명하지 않다. 구/신 정보 형식을 고려해보자. 접합점은 진상을 나타내는 자질들로 충족될 수 없는가? 일부 언어들은 이것을 형태론적으로 나타내고, 다른 언어들은 억양과 강세를 사용한다. 왜 이동은 필요한가? 가능한 대답은 이동은 이런 중요한 차이를 나타내는 한 가지 방식이고, FL이 이런 방식으로 차이를 나타내는 능력을 지니고 있기 때문에 문법들은 이런 기회를 이용한다는 것이다. 어떤 이유로 가장자리들이 현저하고 어떤 정보들이 문법적으로 중요하다면, 문법들이 본질적으로 사물을 이동시킬 수 있다면 이동을 사용하여 관련된 차이를 표시하기를 기대한다. 그렇다면 그 성공여부는 가장자리(edges)를 잘 정의하는데 달려

있다. 이동의 종류가 있다면, vP, TP, CP가 현저한 가장자리를 표시하는 것일지도 모른다. 이들은 모두가 명제인 "자연스러운" 의미부류를 형성한다. 이들은 접합점들이 인식하는 가장자리들이다.

　이것에 대한 특히 흥미로운 설명은 의미평가를 위해 자연언어 명제들이 세 부분, 즉 핵 작용역(nuclear scope), 제한절(restrictive clause) 그리고 양화적 작용역(quantificational scope)으로 나뉜다는 것을 말한다. 문법은 구절표시에서 명제의 다양한 영역으로 사상규칙들을 제공하여 이 세 가지 방식의 차이를 고려한다. 이와 같이 vP내의 표현들은 핵 영역으로, TP에 있는 표현들은 제한절로, 그리고 A'-영역에 있는 표현들은 양화적 작용역으로 사상한다. 잘 설계된 체계가 구절표시들을 명제 요건을 고려하도록 분할하므로, 이런 사상가설은 이동을 자연스럽게 만든다. 따라서 이동이 존재하는 이유는 개념-의도(C-I) 접합점에 관련된 정보가 명제형태로 구성되고 이동이 문장과 명제사이에서 사상을 쉽게하기 때문이다.

　또한 적절한 대답은 다른 종류의 정보를 단일 핵 안에 묶는 데에서 본질적인 한계에 집중하는 것이다. 경험적으로 한 문장을 만들기 위해 많은 개별적인 투사가 일어나는 것으로 보인다. 이것에 대해 그럴듯한 이유는 FL이 문법정보를 묶을 때 다중핵 사용을 요구한다는 것이다. FL이 주어진 어휘항목 속으로 얼마나 많은 다양한 문법정보를 묶을 수 있는지에 대한 한계가 있다면 다중핵은 요구되고 이동은 작동된다.

　이런 숙고들이 자연스럽지만 명확하지는 않다. 아직까지는 이런 종류의 결론 외에는 알려지지 않았다.

6.3. 철학적 후기

　1장은 최소주의 프로그램(MP)이 GB 프로그램의 경쟁자가 아니라 연속이라는 것을 언급했다. 최소주의 프로그램은 적어도 두 가지 방식에서 연속이다. 첫 번째 방식은 MP는 GB가 대체로 정확하다는 가정에서 시작한다. MP는 해결을 위해 확인된 일반 문제들(예, Plato의 문제)과 발견되지 않은 일반화들(법칙들)을 받아들인다. 두 번째 방식은 GB에서 Chomsky 정신의 핵심에 있는 이성주의자 연구방식과 동일하다는데 있다. 경험주의자와 대조적으로 이성주의자는 정신/두뇌 내부에서 생겨 잘 구성되어있으며 이 구조가 언어학적으로 관련되어 경험을 이끈다고 가정한다. 이것은 이성주의자 세계관의 특별한 경우에 지나지 않는다.

이성주의자와 경험주의자가 정신구조의 근본에 대해 어떻게 다른지 생각해 보자. 이성주의자는 정신구조는 정신/두뇌 구조의 특징인 내부에서 생겨난 원리들의 운용을 통해 주로 일어난다고 생각한다. 언어의 경우, 이들은 FL 구조를 포함한다. 대조적으로 경험주의자들은 정신구조는 외부에 의해 생겨난 요인들, 즉 환경적 입력의 특성들을 반영한다고 믿는다. 이성주의자들에게는, 인지의 근본은 주로 정신의 선천적 구조에 있다. 경험주의자들에게는 인지의 근본은 환경이 정신을 구성하는 과정에 있다.

이런 태도의 차이가 정신적 영역에 제한되지 않는다. 더 심오한 차이는 형이상학적이다. 이성주의자들에게는 관찰되는 세계는 적은 수의 일반적인 상호작용하는 힘의 산물이다. 그들에게는, 설명이 연역적이고 현상은 이런 일반원리들의 특별한 경우로 설명된다. 이성주의자들에게는 초기 조건과 역사적 돌발사건이 기초를 이루는 원리들보다 덜 중요하다. 대개는 이성주의자들은 X가 특성 Y를 지닌 유형이라는 것을 언급함으로써 왜 X가 Y인지를 설명한다. 다시 말해서, Y는 X의 구조를 지닌 사물의 필연적인 결과이기 때문에 구조 X를 지닌 모든 사물은 특성 Y를 지닌다.

대조적으로, 경험주의자들에게는 현상이 원리에 의해서 그렇게 엄격하게 제한되지 않는다. 오히려 사물들은 역사적으로 우연히 밀착되어있다. 설명은 역사적 우발사건에 의존하고 반응을 보이는 경로이다. 왜 X가 Y인가? X는 역사적으로 사물 Y에서 생기기 때문이고 Y의 발달자질에 대한 X의 역사가 X에 보존되기 때문이다. 이 두 번째 설명방식에 대한 예는 흔하다. 즉, 영어에 노출된 역사는 아이가 영어를 습득하는 결과를 낳고, 눈이 오는 환경에서 곰 자손들은 결국 백곰이 된다.

물론 위의 내용은 풍자하는 것이다. 이성주의자들은 역사적 돌발사건의 영향을 인정할 수 있고 경험주의자 이론들은 원리들을 포함하고 있다. 하지만 경험주의자들이 동질이라고 보는 원리들은 외부적 (환경적) 요인을 위한 역할을 남겨두는 것이고, 이성주의자들은 외부적 요인의 영향을 단단히 제한되는 것으로 간주한다. 경험주의자들은 경로의존 설명들을 좋아하고, 이성주의자들은 원리의존 이론들을 선호한다.

최소주의 프로그램은 초기 생성문법의 이성주의 연속이고 그 이유로 최소주의 프로그램은 좀 더 일찍 추구되었다. 예를 들면, 경험주의자의 경로의존 설명은 운용하기에 시간을 필요로 한다. 역사적 설명을 제공하는 것은 시간을 요구한다. 언어습득이 입력에 상관없이 빨리 획일적으로 일어난다면, 그 출력은 노출 역사 때문에 생기는 특성들을 갖지 않고 구조때문에 생기는 특성들을 갖게 된다.

이런 의미에서 여기서 제안되는 것은 이성주의 정신이다. 중점사항은 표지(Labeling)가 혼합된 것에 추가된다면 배경운용은 무엇이며 어떤 종류의 FL이 생기는지였다. 이런 의미에서 그것은 원리 중심적이다. 즉 연결, 복사를 지닌 구조와 의존성 길이를 최소화하는 원리가 주어지면, 표지(Label)같은 운용을 추가하는 것은 FL로 될 것이다.

초기 생성문법은 이 거대한 논쟁에 대해 영향력을 갖고 있었기 때문에 언어학을 훨씬 넘어 영향을 끼쳤다. 위대한 철학적 방식에 지지를 보내면서 가장 큰 연구프로그램들이 경험적 영향력을 얻는 시기도 있는데 생성문법 초기 시절에서 그랬고 지금이 다시 그렇다.

MP를 자극시키고, 흥분시키고 흥미롭게 하는 것은 어떻게 MP가 이런 거대한 철학적 관심에서 생기며 어떻게 때때로 경험적 결과의 가설들을 생성할 수 있는지 하는 것이다. 여기서 최소주의 프로그램의 주요 개념들과 양립할 수 있는 이론을 주장함으로써 최소주의 프로그램의 주요 생각들을 조사하려는 것이었다. 논의가 비교적 추상적으로 적어도 언어학의 일반적 수준에서 행해졌다. 예문들이 비교적 드물고 특별한 패러다임이나 자료에 대한 새로운 제안들이 없었다. 요컨대 위의 내용은 주로 이론 훈련이었다. 최소주의자가 해야 할 중요한 것 중 하나는 이런 연구가 가능하고 유용하도록 하는 것이다. 이러한 노력이 다른 분들로 하여금 이 새로운 게임에 도전하도록 박차를 가하기를 바란다.

6.4. 요약

이 장에서는 앞에서 다루었던 연구내용인 최소주의 과제를 요약하고 몇 가지 연구결과들을 조사하면서 최소주의의 철학적 관점을 재점검했다. 최소주의와 현 과제의 새로운 점은 GB의 성공을 이론적 도전의 출발점으로 삼아 자연스러운 원리로 수립하려는 것이다.

최소주의의 이론적 과제에 대한 주요 동기는 GB식 이론들의 복잡성에 있다. GB의 복잡성은 두 가지 문제를 일으키는데, 첫째는 Darwin의 문제이고 둘째는 UG에 대한 두뇌 인식문제이다. Darwin의 문제가 복잡성은 자연선택의 산물이고, 그 산물이 복잡해질수록 자연선택은 운용에 많은 시간을 요구하며, FL의 갑작스런 출현으로 자연선택이 그 마력을 작동할 수가 없다는 가정에 기인한다. 따라서 UG는 GB가 제시하는 것보다 덜 모듈적이고 UG의 기본운용과의 관계가 더 총칭적이라는 것이다. UG에 대한 두뇌 인식 문제는 두뇌과학의 기본구조와 개념이 언어학의 구조와 개념과 꼭 맞지 않다는 것이다. 이 사이에는 입도 비일치가 있어서 UG 운용들이 신경회로에서 어떻게 인식될 수 있는지를 알지 못하게 한다. 따라서 언어진화의 논리적 문제와 입도 비일치 문제는 간결하고 일반적인 근거로 문법법칙을 세우게 한다.

이런 문제에 대한 해결방식은 두 가지로 축소되는데, 첫째는 GB의 별개 운용들을 한 가지 일반 핵심원리로 축소함으로써 FL의 내적 모듈방식을 제거하거나 축소하는 것이다. 둘째는 기본운용들과 원리들에서 표지만이 언어특정적으로 나타난다는 것이다. 이것은 Darwin의 문제에 대한 해답도 가능하게 한다. 즉, 두뇌가 언어학적 표현을 생성할 수단을 위해서 인지운용과 원리목록에 추가할 기본운용인 표지가 있기 때문에, FL의 진화는 급격할 수 있다는 것이다. 또한 입도 불일치에 대해서도, 세 가지 기본회로에서 연결과 복사는 인지적 경제성의 다른 부분에서 총칭적이고 효과적이며, 표지만이 언어적 영역에 속한다고 본다.

FL 연구를 위해 가능한 몇 가지 결과들을 조사하게 된다. 복합운용과 구문에서는 기본운용목록과 개별문법의 축적 운용이 무엇인지를 조사한다. FL은 복합운용을 포함하지 않는다고 본다. 원어민 화자가 근원적 운용들을 축적하고 그 결과가 병합이나 이동과 같은 복합운용들이라고 말한다. 규칙의 축적은 노출에 의해 작동된다고 간주한다. 습득은 UG의 기본운용과 원리들에 의해 적합한 자료집합인 PLD에 맞추어 움직여가는 과정으로 해석될 수 있다. 기본운용들이 연결, 복사, 표지라 하더라도, 이동과 병합이 원어민의 운용목록의 일부라는 것이다.

언어습득과 매개변항 설정을 살펴본다. GB는 FL구조에 대해 원리와 매개변항 견해를 제공하며 언어습득에 대한 설명을 한다. 최근에는 매개변항에 대한 경험적 근거가 심각하게 도전받고 있다. 언어습득의 매개변항 설정개념을 지지하는 강력한 주장은 언어학습이 한꺼번에 이루어진다는 것인데, 경험적으로 단일 매개변항 값 주위에 몰려있는 문법현상들을 찾아내기가 어렵다. 또한 매개변항 값은 모든 매개변항의 값에 민감하게 관련된다. 따라서 매개변항 설정은 하나씩 진행될 수 없으며 매개변항 값은 PLD를 고려하여 전체적으로 정해진다.

GB 일반원리에서 중요한 섬 효과에 관해서 조사하며, 두 가지 강한 섬들인 부가어와 복합 명사구를 살펴본다. 부가어섬과 복합 명사구섬의 관계절 설명은 부가어에서의 추출을 포함하기 때문에 같은 부류로 간주하여, 관계절이 일종의 부가절이기 때문에 관계절에서의 이동으로 확대한다. 또한 이동의존관계는 경로에 의해서 계산되는 최소성에 의해서 규제된다. 따라서 짧은 경로는 긴 경로보다 유리하다.

다음은 양방향가능성에 대해 살펴본다. 문법이 PF-LF 쌍 생성을 위해 사용하는 운용은 PF-LF 특성들을 지닌 문장을 해석하고 발화하는데 사용되는 운용과 유사한가를 살펴보는 것이다. 문법이 사용되면 언어적 구조는 실시간에 문법원리에 따라 구성되어야 한다. 그 문법이 사용하는 똑같은 원리, 운용, 구성들을 사용하여 이런 구조들을 구축하는 것보다 문법의 운용과 원리는 양방향 가능해야 한다. 하지만 양방향 가능하지 않은 운용들과 원리들이 있는데, 결빙원리와 탐색어/목표어 체계가 조사되었다. 결빙원리는 격 점검된 DP를 더 이상 병합/이동 운용에서 금지하는 것으로 양방향가능한 원리가 아니다. 또한 탐색어/목표어 체계도 양방향가능하지 않다. 하지만 이동에 기초를 둔 문법들은 방해받지 않는다. 복사와 병합인 이동은 양방향가능하다.

최소주의자가 양방향 가능한 문법을 지지하는 이유는 문법이 문장해석과 발화를 위해 문법을 사용하는 인지적 요소들과 결부된다고 보기 때문이다.

그리고 이동의 이유를 조사한다. 문법이 이동을 나타내는 이유는 표현들이 다른 핵에 점검되어야 하는 다양한 필요조건을 가진다는 것이다. 다중자질을 단일 핵에 둘 수 있다면, DP의 모든 필요조건은 첫 번째 병합에서 실행되는데 이것이 가능하지 않아 이동이 일어난다. 그 이유로 첫째는 이동은 접합점 필요조건에 의해서 요구된다는 것이고, 둘째는 핵이 얼마나 많은 다른 자질들을 수반할 수 있는지에 대한 본질적인 한계에 달려있다는 것이다. 따라서 이동에 의해 핵을 자질점검이 일어나는 올바른 국부적 형상에 넣어야 하는 것이다.

마지막으로 이 책의 철학적 관점을 되새겨본다. 최소주의 프로그램이 GB 프로그램의 연속이라고 언급한다. 이성주의자들에게는 인지의 근본은 주로 정신의 선천적 구조에 있다. 반면 경험주의자들에게는 인지의 근본은 환경이 정신을 구성하는 과정에 있다. 최소주의 프로그램은 초기 생성문법의 이성주의 연속이므로 최소주의 프로그램은 좀 더 일찍 추구되었다. 경험주의자의 경로의존 설명은 운용하기에 시간을 요구한다. 언어습득이 입력에 상관없이 빨리 획일적으로 일어난다면, 그 출력은 노출 역사 때문에 생기는 특성들을 갖지 않고 구조 때문에 생기는 특성들을 갖게 된다. 이와 같이 최소주의 프로그램의 주요 개념들과 양립할 수 있는 이론을 주장함으로써 최소주의 프로그램의 주요 생각들을 조사해 보았다.

참고문헌

Abel, K. 2003. "Successive cyclicity, anti-locality, and adposition stranding," Ph.D thesis, University of Connecticut, Storrs.

Belletti, A. 1998. "The case of unaccusatives," *Linguistic Inquiry* 19: 1-34.

Bobaljik, J. D. and D. Jonas. 1996. "Subject position and the roles of TP," *Linguistic Inquiry* 27: 195-236.

Boeckx, C. 2008. *Bare syntax.* Oxford: Oxford University Press.

Boeckx, C. Forthcoming. "The nature of merge: Consequences for language, mind and biology," in M. Piatelli-Palmarini, J. Uriagereka and P. Salaburu (eds.), *Of minds and language: The Basque Country encounter with Noam Chomsky.* Oxford: Oxford University Press.

Boeckx, C., N. Hornstein and J. Nunes. In Progress. *The movement theory of control.*

Chametzky, R. A. 1996. *A theory of phase markers and the extended base.* Baffalo, NY: SUNY Press.

Chomsky, N. 1959. "Review of B. F. Skinner Verbal Behavior," *Language* 35: 26-58.

Chomsky, N. 1965. *Aspects of the theory of syntax.* Cambridge, MA: MIT Press.

Chomsky, N. 1977. "On wh-movement," in P. W. Culicover, T. Wasow and A. Akmajian (eds.), *Formal syntax.* New York: Academic Press, 71-132.

Chomsky, N. 1981. *Lectures on government and binding.* Dordrecht: Foris.

Chomsky, N. 1986a. *Barriers.* Cambridge, MA: MIT Press.

Chomsky, N. 1986b. *Knowledge of language: Its nature, origin and use.* New York, NY: Praeger.

Chomsky, N. 1993. "A minimalist program for linguistic theory," in K. Hale and S. J. Keyser (eds.), *The view from Building 20: Essays in linguistics in honor of Sylvain Bromberger.* Cambridge, MA: MIT Press, 1-52.

Chomsky, N. 1995a. *The Minimalist Program.* Cambridge, MA: MIT Press.

Chomsky, N. 1995b. "Bare Phrase Structure," in G. Webelhuth (ed.), *Government and Binding theory and the Minimalist Program.* Oxford: Blackwell, 383-440.

Chomsky, N. 2000. "Minimalist inquiries: The framework," in R. Martin, D. Michels and J. Uriagereka (eds.), *Step by step.* Cambridge, MA: MIT Press, 91-155.

Chomsky, N. 2001. "Derivation by phase," in M. Kenstowicz (ed.), *Ken Hale: A life in language*. Cambridge, MA: MIT Press, 1-52.

Chomsky, N. 2004. "Beyond explanatory adequacy," in A. Belletti (ed.), *Structures and beyond: the cartography of syntactic structures*. Oxford: Oxford University Press, 104-131.

Chomsky, N. 2005. "Three factors in language design," *Linguistic Inquiry* 36: 1-22.

Collins, C. 1997. *Local economy*. Cambridge, MA: MIT Press.

Collins, C. 2002. "Eliminating labels," in S. D. Epstein and T. D. Seely (eds.), *Derivation and explanation in the minimalist program*. Oxford: Blackwell, 42-64.

de Marcken, C. 1996. "Unsupervised language acquisition," Ph.D thesis, MIT, Cambridge.

den Dikken, M. 1995. "Binding, expletives and levels," *Linguistic Inquiry* 26: 347-354.

Embick, D. and D. Poeppel. 2005a. "Mapping syntax using imaging: Prospects and problems for the study of neurolinguistic computation," in K. Brown (ed.), *Encyclopedia of language and linguistics (2nd ed.)*. Oxford: Elsevier.

Embick, D. and D. Poeppel. 2005b. "Defining the relation between linguistics and neuroscience," in A. Cutler (ed.), *Twenty-first century psycholinguistics: Four corner-stones*. Mahwah, NJ: Lawrence Erlbaum Associates, 103-118. [To be reprinted in A. Di Sciullo (ed.), Biolinguistics. MIT Press, 2008.]

Epstein, S. D. 1999. "Un-principled syntax: The derivation of syntactic relations," in S. D. Epstein and N. Hornstein (eds.), *Working Minimalism*. Cambridge, MA: MIT Press, 317-345.

Fordor, J. A. 1998. *In critical condition: Polemical essays on cognitive science and the philosophy of mind*. Cambridge, MA: MIT Press.

Fordor, J. A. 2000. *The mind doesn't work that way: The scope and limits of computational psychology*. Cambridge, MA: MIT Press.

Fordor, J. A. 1998. "Unambiguous triggers," *Linguistic Inquiry* 29: 1-36.

Groat, E. M. 1999. "Raising the case of expletives," in S. D. Epstein and N. Hornstein (eds.), *Working Minimalism*. Cambridge, MA: MIT Press, 27-44.

Hauser, M. D., N. Chomsky and W. Fitch. 2002. "The faculty of language: What is it, who has it, and how did it evlove?," *Science* 298: 1569-1579.

Hornstein, N. 2001. *Move! A minimalist theory of construal*. Oxford: Backwell.

Hornstein, N. 2007. "A very short note on existential construction," *Linguistic Inquiry* 38: 410-411.

Hornstein, N. 2009. *A Theory of Syntax: Minimal Operations and Universal Grammar*. Cambridge.

Hornstein, N. and J. Nunes. 2008. "Some thoughts on adjunction," *Biolinguistics*.

Kayne, R. 1972. "Subject inversion in French interrogatives," in J. Casagrande and B. Saciuk (eds.), *Generative studies in Romance languages*. Rowley, MA: Newbury House, 70-126.

Kayne, R. S. 1984. *Connectedness and binary branching*. Dordrecht: Foris.

Kayne, R. S. 2002. "Pronouns and their antecedents," in S. D. Epstein and T. D. Seely (eds.), *Derivation and explanation in the minimalist program*. Oxford: Blackwell, 133-166.

Kobele, G. 2006. "Generating copies," Ph.D thesis, UCLA, Los Angeles.

Lansik, H. 1995. "Case and expletives revisited: On Greed and other human failings," *Linguistic Inquiry* 26: 615-633.

Lidz, J. and W. J. Idsardi. 1998. "Chains and phono-logical form," in A. Dimitriadis, H. Lee, C. Moisset and A. Williams (eds.), *Proceedings of the 22nd Annual Penn Linguistics Colloquium*. Philadelphia: Penn Working Papers in Linguistics, 109-125.

Newmeyer, F. J. 2004. "Typological evidence and Universal Grammar," *Studies in Language* 28: 527-548.

Nunes, J. 1995. "The copy theory of movement and linearization of chains in the Minimalist Program," PhD thesis, University of Maryland, College Park.

Nunes, J. 2001. "Sideward movement," *Linguistic Inquiry* 31: 303-344.

Nunes, J. and Ž. Bošković. 2007. "The Copy Theory of Movement: A view from PF," in N. Corver and J. Nunes (eds.), *The Copy Theory of Movement*. Amsterdam: John Benjamins, 13-74.

Pesetsky, D. and E. Torrego. 2001. "T-to-C movement: Causes and consequences," in M. Kenstowicz (ed.), *Ken Hale: A life in language*. Cambridge, MA: MIT Press, 335-426.

Pietroski, P. 2007. "Induction and comparison," in A. Conroy, C. Jing, C. Nakao and E. Takahashi (eds.), *University of Maryland Working Papers in Linguistics*. College

Park, MD: 154-186.

Pinker, S. 1997. *How the mind works*. Norton & Company. New York: NY.

Poeppel, D. and P. J. Monahan. In Press. "Speech perception: Cognitive foundations and cortical implementation," *Current Directions in Psychological Science*.

Polinsky, M. and E. Potsdam. 2006. "Expanding the scope of control and raising," *Syntax* 9: 171-192.

Pollock, J.-Y. 1989. "Verb movement, Universal Grammar, and the structure of IP," *Linguistic Inquiry* 20: 365-424.

Reinhart, T. 1983. "Coreference and bound anaphora: A restatement of the anaphora questions," *Linguistics and Philosophy* 6: 47-88.

Richards, N. 2001. *Movement in language: Interactions and architectures*. Oxford: Oxford University Press.

Rizzi, L. 1990. *Relativized minimality*. Cambridge, MA: MIT Press.

Ross, J. R. 1967. "Constraints on variables in syntax," Ph.D thesis, MIT, Cambridge.

Sportiche, D. 1988. "A theory of floating quantifiers and its corollaries for constituent structure," *Linguistic Inquiry* 19: 425-449.

Stowell, T. A. 1981. "Origins of phrase structure," PhD thesis, MIT, Cambridge.

Takahashi, D. 1994. "Minimality of movement," PhD thesis, University of Connecticut, Storrs.

Zwart, C. 2002. "Issues relating to a derivational theory of binding," in S. D. Epstein and T. D. Seely (eds.), *Derivation and explanation in the Minimalist Program*. Oxford: Blackwell, 269-304.

영한대조

adjoined clause 부가절 ⋯ 47~48, 66, 107, 182
AGREE 일치/ ⋯ 34, 89, 92, 111, 126, 134~137, 186
agree 일치 ⋯ 14, 133~134, 137, 142
anaphoric binding 대용결속 ⋯ 167
atom 원자 ⋯ 73~74, 77~81, 84~92, 99, 102, 106~107, 110~111, 114~116, 125~126, 128~130
atomicity 원자성 원리 ⋯ 129

Bare Phrase Structure 필수구구조 ⋯ 37, 75~76, 79~80
basic inventory 기본항목 ⋯ 114, 131~132
bi-uniqueness 상호-유일성 ⋯ 189
binary 이분지의 ⋯ 31, 179
Boolean computation Boolean식 연산 ⋯ 104
bottom-up 상향식 ⋯ 185
boundary condition 경계조건 ⋯ 9, 14
brain circuitry 두뇌회로 ⋯ 16

c-command 성분통어 ⋯ 6~7, 17, 23, 30~31, 34, 41~51, 53~56, 58~59, 61~62, 64~69, 94, 114, 117, 119, 131, 134, 140~141, 163, 165, 168, 176, 180~181, 185~187
Chain Uniformity Condition 연쇄일관성 조건 ⋯ 101
circuit 회로 ⋯ 23, 27~28, 125
cognitive economy 인지적 경제성 ⋯ 168, 195
complex operation 복합운용 ⋯ 134, 169, 171, 174, 195
complexity 복잡성 ⋯ 13, 18~20, 30, 86, 119~120, 122, 125~126, 166, 176, 194
composite 복합적 ⋯ 16, 29
Concatenate 연결 ⋯ 6, 10, 36, 71, 74~75, 168, 173
Concatenation, Concatenate 연결, 연결하다 ⋯ 37
connectedness 연결성 ⋯ 182
constituency 구성성분 ⋯ 168

Copy 복사 … 10, 16, 30, 34, 37, 43, 53, 66, 75~76, 88~91, 98, 102, 105~106, 109, 114, 117, 119~122, 125~127, 131~132, 140, 161, 168, 170, 173~174, 188, 193, 195~196
cycle 주기 … 45

dependency 의존관계 … 49, 67~68, 89, 119, 122, 168, 180, 182, 188
diachronic priority 공시적 우선순위 … 119, 123, 132
directionality 방향성 … 185
displacement 위치이탈 … 75~76, 87~88, 91, 102, 110, 135~137, 163~164

ECP 공범주원리 … 41, 181
edge 가장자리 … 45, 62, 116, 129, 136, 189~191
effective theory 효율적 이론 … 21, 26
elsewhere 기타의 … 92
endocentric labelling 내심적 표지화 … 33, 37, 76, 79, 81~83, 122, 131
endocentricity restriction 내심성제약 … 75, 84
endocentricity 내심성 … 23, 33, 76, 81, 83, 110, 122
endogenous 내부 원인에 의한, 내생적 … 179
enumeration 목록 … 17, 19, 24, 168, 173, 176, 179
equi-distance 등거리 … 61~63, 119, 131, 168
equivalence 등가물 … 10
evolutionary innovation 진화적 혁신 … 18, 20, 38
Extension Condition 확대조건 … 31~32, 45~49, 54, 68, 85~86, 91, 110, 114, 116~117, 119, 128, 131

foot 최하위 … 186
freezing 결빙 … 186, 196

g-projection g-투사범주 … 182~183
Generalized Transformation 일반화 변형 … 45
generic 총칭적 … 16, 166~168, 195
Goal 목표어 … 186~187, 196
Granularity Mismatch Problem 입도(粒度) 비일치 문제 … 8~9, 14, 35, 38~39, 167, 195
granularity problem 입도 문제 … 124~125

granule 입자 … 124~125, 132
Greed 이기원리 … 181

head initial 선핵 … 177
Head-to-Head 핵-핵 간 … 84, 103, 111

Inclusive principle 포함원리 … 114
Internal Merge 내부병합 … 136~137, 141, 161, 164, 188
internal 내적인, 내부의 … 45, 54
internally 내적으로 … 166
intrinsic feature 본질적 자질 … 80, 96, 98, 103, 111, 114, 131
"is-a" relation 완전동일 관계 … 76, 128

label 표지 … 10, 31~33, 37, 64, 71, 76, 78~80, 84, 92~93, 99, 101~102, 104~106, 110~111, 115~117, 121, 128~129, 168~169, 174, 188, 193, 195
labeling 표지화 … 6~7, 10, 31~32, 36~37, 75~76, 79~87, 90, 93, 95~98, 109~111, 114~119, 125~126, 128, 131~132
least effort 최소노력 … 30, 104
lexical atom 어휘 원자 … 99
lexical item 어휘항목 … 10, 37, 73, 79, 85, 98~99, 103, 106, 114, 116, 167, 191
Linear Correspondence Axiom 어순대응공리 … 41, 50~51
linearization 선형화 … 41~42, 50~51, 53~54, 63, 118
locality 국부성 … 43, 64~65, 90, 135, 168, 181
locally 국부적으로 … 43, 135, 165, 170
long distance dependency 장거리 의존관계 … 188
lowering 하강 … 186

m-command 최대투사통어 … 64~65
macro-parameter 매크로-매개변항 … 178
markedness 유표성 … 175~176
Merge 병합 … 16, 29~34, 36~37, 39, 42, 45~46, 48~49, 51~54, 62, 66~68, 71, 73~75, 78, 80~81, 85~87, 91, 97, 105~106, 110, 114~116, 118, 127~129, 135~136, 139, 144, 149, 161~162, 167, 169, 170~172, 174, 186~189, 195~197
Merge-Over-Move(MOM) 병합우선 조건 … 169, 171

micro-parameter 마이크로-매개변항 … 178, 181
minimality 최소성 … 15, 30, 42, 55~62, 66, 94~95, 97, 100, 102, 115, 117~118, 121, 165, 168, 175~176, 180~182, 196
modular organization 조합기관 … 20
modular structure 모듈구조, 조합구조 … 20~21, 168
modularity 모듈방식, 조합성 … 18~22, 28~29, 35, 167, 195
module 조합단위 … 19~20, 22, 23
Morphological bare output condition 핵심형태부 출력물 조건 … 100
mother node 모 절점 … 85
move 이동 … 14, 33, 126, 133, 135~138, 142, 161~162, 186
Mover 이동자 … 139, 162, 182
multi-domination 다중관할 … 127

natural selection 자연선택 … 18~20, 27, 83, 119, 166, 194
nesting 완전내포의존성 … 71
No Tampering Condition 비간섭조건 … 32
node 접점 … 57
non-local 비국부적 … 121~122, 131, 136~137, 168, 188
non-verbal 비언어적인 … 77
numeration 배번집합 … 67, 99, 170

parameter setting 매개변항 설정 … 177~178, 196
parasitic gap 기생공백 … 47
parser 어구분석자 … 187
passive participle 수동분사 … 174
Path Minimality principle 경로 최소성 원리 … 179
path 경로 … 10, 57, 59, 168
pied-piping 대동이동 … 102
poverty of stimulus 자극의 빈곤 … 22
pre-linguistic principle 사전 언어원리 … 21~22, 38~39
primitive item 근원적 항목 … 167
primitive 근원 … 9, 124~125, 140, 166
Probe 탐색어 … 186~187, 196

proper subset 진부분집합 ⋯ 58~60, 63, 66, 68, 170~171

recursion 회귀성 ⋯ 8, 71, 75~76, 81~83, 110
recursive embedding 회귀적 내포성 ⋯ 71~72, 83
reflexivization 재귀화 ⋯ 30, 106
ReMerge 재병합 ⋯ 34, 37, 86, 91
Reversibility 양방향가능성 ⋯ 184~185, 187~188, 196
root 뿌리 ⋯ 32, 45, 73, 85~87, 91, 110, 114

salient 현저한 ⋯ 191
scope 작용역 ⋯ 144~145, 150, 161
shortest attract 최단유인 ⋯ 66~67
shortest dependency 최소거리 의존관계 ⋯ 59
shortest move 최단이동 ⋯ 66~67
sideward movement 수평이동 ⋯ 47~49, 65~66
singleton set 단일원소 집합 ⋯ 74
Sluicing 수문화 ⋯ 107
split antecedent 분리 선행사 ⋯ 106
Strong Inclusiveness Condition 강력포함조건 ⋯ 103
Structure Preserving Hypothesis 구조보존가설 ⋯ 116, 119, 131
structure preserving 구조보존 ⋯ 34, 76, 95, 101, 109
subcategorization 하위범주화 ⋯ 84, 114, 141
Subjacency 하위인접 ⋯ 15, 28~30, 181, 185
subset 부분집합 ⋯ 74
syntactic equivalence class 통사적 상응부류 ⋯ 37

target 표적 ⋯ 130, 187
top-down 하향식 ⋯ 185~187
topicalization 화제화 ⋯ 28~30, 107~108
tucking-in 끼어들기 ⋯ 129~130

unbounded nested structures 무한 완전내포구조물 ⋯ 81
union 합집합 ⋯ 74, 94, 96~97, 104, 111
unlabelled 비표지된 ⋯ 182

최소주의와 다위니즘

손근원 · 최숙희 · 홍성심 · 김양순 · 김연승 · 박연미 · 서수현

발행일	2010. 3. 15
펴낸곳	도서출판 동인
펴낸이	이성모
주 소	서울시 종로구 명륜동 아남주상복합빌딩 118호
전 화	(02)765-7145, 55
팩 스	(02)765-7165
HomePage	www.donginbook.co.kr
E-mail	dongin60@chol.com

등록번호	제 1-1599호
ISBN	978-89-5506-439-1
정 가	10,000원

※ 잘못 만들어진 책은 바꾸어 드립니다.

필자소개

손근원
서울대학교 영어교육과 졸업
서울대학교 대학원 영어교육 석사
University of Connecticut 언어학 석사
University of Connecticut 언어학 박사
현재 한남대학교 영어교육과 교수
kwsohn@hnu.kr

최숙희
한국외국어대학교 영어과 졸업
한국외국어대학교 대학원 영어학 석사
한국외국어대학교 대학원 영어학 박사
현재 한국과학기술원 인문사회과학부 교수
shchoe03@kaist.ac.kr

홍성심
충남대학교 영어영문학과 졸업
University of Connecticut 언어학 석사
University of Connecticut 언어학 박사
현재 충남대학교 영어영문학과 교수
vshong@cnu.ac.kr

김양순
한국외국어대학교 영어과 졸업
University of Wisconsin-Madison 언어학 석사
University of Wisconsin-Madison 언어학 박사
현재 한밭대학교 인문과학대학 영어과 교수
yskim@hanbat.ac.kr

김연승
서울대학교 영어교육과 졸업
서울대학교 대학원 영어영문학과 문학 석사
서울대학교 대학원 영어영문학과 문학 박사
현재 공주대학교 인문사회과학대학 영어영문학과 교수
yskim@kongju.ac.kr

박연미
이화여자대학교 영어영문학과 졸업
University of Michigan-Ann Arbor 언어학 석사
University of Wisconsin-Madison 언어학 박사
현재 한경대학교 인문사회과학대학 영어학과 교수
ympark@hkun.ac.kr

서수현
서울대학교 영어교육과 졸업
서울대학교 대학원 영어영문학과 문학 석사
서울대학교 대학원 영어영문학과 문학 박사
현재 공주교육대학교 영어교육과 교수
ssh@gjue.ac.kr